エスキス

って何?

小川真樹・地引重巳・ジェームス・ランビアーシ 著

彰国社

はじめに エスキスって何？

建築系の大学や専門学校などに入ると、配布される最初の設計課題のスケジュールにずらりと並んでいる言葉が「エスキス」です。多くの人がはじめて見る言葉なのに、この言葉の意味を解説されることはあまりありません。

エスキスは esquisse と書くフランス語ですが、英語でいちばん近い言葉は sketch（スケッチ）です。これはみなさん知っていますね。どうやら絵画の世界から派生した概念のようです。

ところで、建築の図面のことを drawing（ドローイング）といいますが、これに当たるフランス語は dessin（デッサン）であり、やはり日本では絵画の世界で使われています。ともに「時間をかけて正確に描く」というニュアンスがあります。また、それとは反対に「素早く直感的に描く」ことを絵画の世界では croquis（クロッキー）といいますが、建築の設計にも同様なラフなイメージの段階 rough draft があります。なぜか日本では、建築と絵画の世界で、英語とフランス語が互い違いに使われていますが、これらの言葉と事例を並べてみると下の図のようになります。

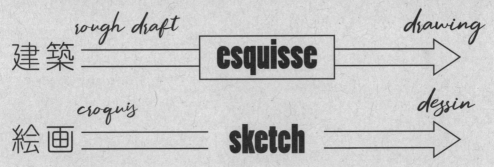

つまり、エスキスとは、直感的な何かを確固とした設計として結実させるための途中の段階、あるいは、そのための一連の行為や思考のことと考えられます。これはとても範囲が広い漠然とした概念ですが、その一連の行為や思考こそが実は創作の醍醐味でもあるのです。

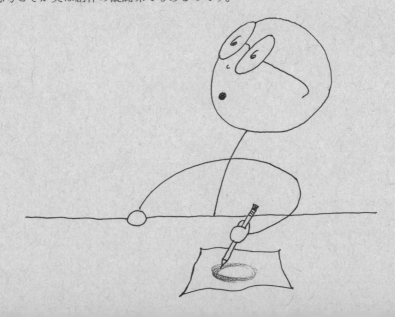

「エスキス」という
言葉の意味はわかりましたでしょうか？
では、その言葉は実際に
どんな場面で使われるのでしょう？

「エスキス」は、とても広い意味をもつ言葉なので、
いろいろな場面で使われます。たとえば……
ひとりでやるエスキスがあります。
自宅や学校で、短時間でもよいから毎日の
ように考えて、手を動かす習慣をつけると、
だんだんと楽しくなります。

ひとりでエスキス

友人とエスキス

友人とも、ときどき
エスキスするとよいものです。
ひとりで考えていると気づかない
ことがありますし、友人の言葉が
ヒントになって、新しい発想が生
まれることもよくあります。

そして先生とは週1回か2回。
課題のスケジュールに書いてある
「エスキス」はこれですね。
短い時間で、ちゃんと自分の考えを伝えるの
は、最初は難しいかもしれませんが、ただ言
葉で語っても先生には伝わりにくいものですし、
先生も何を言ってよいやらわかりません。
ひとりでやったり友人とやったりしたエスキス
の、スケッチや模型をどんどん見せて、先生
の意見を引き出しましょう。

先生とエスキス

そして発表、つまりプレゼンテーションも
広い意味ではエスキスといえます。
複数の人に伝えること自体が、
自分の考えをまとめることになります。また、
多くの反応を得るチャンスでもあり、
それによって、さらに新しい発想を
得る可能性もあるからです。

プレゼンテーションもエスキス

この本は、大学で設計課題のエスキスを指導し、また、同時に設計の仕事の中でもエスキスをしている３人が書きましたが、なぜ書こうと思ったのかには理由があります。

「エスキス」は、考えることにほかなりません。何もないところから建築を形にするために考えることは、とても楽しいことなのです。ですが、見ているとその楽しさの入口の手前で立ち往生してしまう学生が多いのです。とてももったいない。楽しさを理解し、手がかりをつかむための説明を試みたい。この本は、そう考えた３人が書いたものなのです。

ですから、少しでも多くの初学の人たちが、建築を考えること、手を動かすことの楽しさに歩みを進められるように、平易な言葉で書いたつもりです。

まずは通しでざっと眺めてもらうとよいと思います。そして、設計課題を進める中で何かに行き詰まったら、またこの本に戻ってきてください。きっと何かよい「エスキスの方法」が見つかると思います。

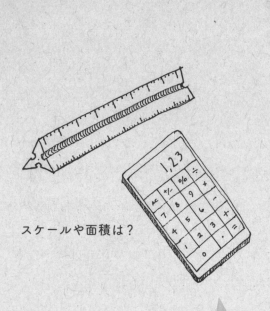

スケールや面積は？

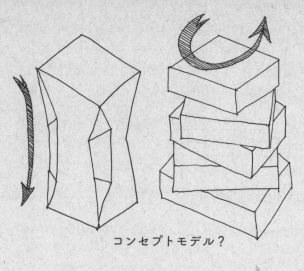

コンセプトモデル？

既成概念？

材料や構造はどうする？

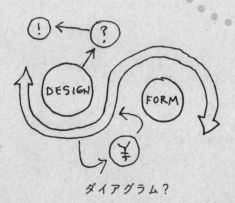

ダイアグラム？

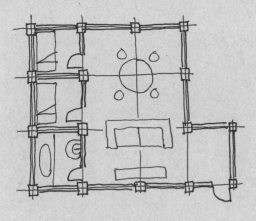

やっぱり最初にプラン？

その土地の気候？

四季の変化？

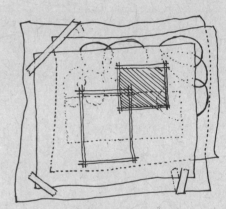

配置はどうする？

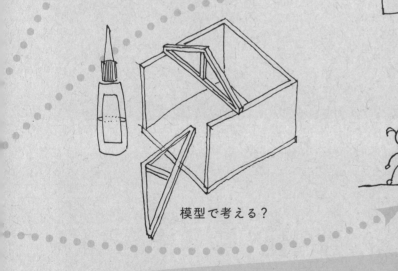

模型で考える？

家族構成？

　きっと、設計の課題を解くあなたの頭の中には、考えなければいけないこと
が一度に押し寄せることでしょう。いったいどこから考えはじめればよいの
でしょう？　いや、もしかしたら考えるべきことが何も浮かんでこないかも
しれません！　それは大変。では、読んでみてください。課題を解いてい
る最中はもちろん、その合間やお休みのときに読むとよい章もあります。

Chapter 3
住宅のエスキス 62

Chapter 4
集合住宅のエスキス 84

Chapter 1
エスキスの準備体操

エスキスは創造のための行為です。創造とは、あなたの思考から生まれるものですから、その思考の源泉は豊かにわき出る泉のようでありたいですね。では、思考の泉はどうしたら豊かになるのでしょう。最初に、そのためのヒントをいくつか書いてみました。何もないところから生まれる発想はありません。いくつかの心がけや習慣によって、思考の泉は豊かになっていくのです。

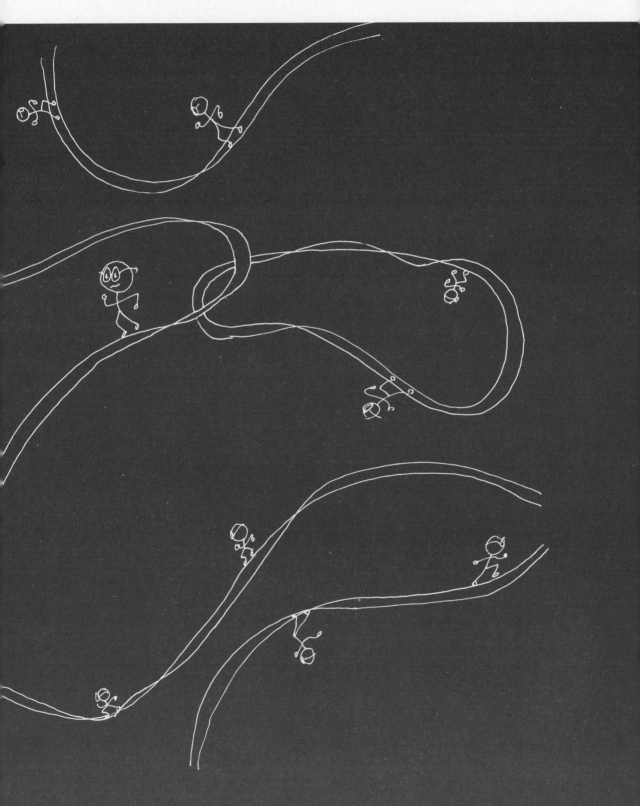

1-1 既成概念を捨てよう

私たちが何かを発想するとき、まったく白紙から考えるのではなく情報を手がかりに考えていきます。しかし、これらの情報は既成の概念からなりたっていることが多く、ときに、それらが発想の足かせとなることがあるのです。

たとえば「家」といわれたとき、あなたは何か特定のイメージを心に描くかもしれません。切り妻の屋根のかかった箱に、窓とドアがポツンポツンとついているでしょうか？　あるいは「窓」といわれたときはどうでしょう。壁のまん中にうがたれた四角い穴から外の景色が見えて、左右にカーテンがひらめい

ているでしょうか？　ここまで単純でないにしても、だれにでも既成概念というものがあります。そして、多くの場合は、それは何かを発想するときには邪魔になるのです。「家」も「窓」も、さまざまなデザイン、機能、使われ方が可能であり、そんなに単純化して理解することはできません。

「家」といわれたときに現れるイメージは？

「窓」といわれたときに現れるイメージは？

もちろん、知識としての概念は必要なものですから、すべてを忘れろなどという乱暴なことを言っているわけではありません。いったんリセットする、という感覚。あることがら

に関して、リセットし、空白の状態にして、あらゆる可能性を否定せずに考える、ということが、とても大切だということを、この章の最初にお話ししておきたいのです。

思い込んでいることを

いったん消してみる

くつがえった既成概念

ある時代に、多くの人が間違いだと感じて反対していたことが、できてみればそうではなかった例。逆に、大多数の人が賞賛していたことが、その意図に反する結果に終わってしまうという例は、建築の世界にはたくさんあります。ときとして、それは既成概念が邪魔をしていたともいえるのです。

反対運動を避けて夜間に搬入される資材

ポンピドゥーセンター

（設計：レンゾ・ピアノ、リチャード・ロジャースほか、1977）

歴史的建築物の多いパリ中心部につくられた複合文化施設です。その革新的なデザインゆえに、設計が明らかになると同時に景観保護の観点からの激しい反対運動が巻き起こりました。それは建築資材を敷地に運び込むのにも、市民に妨害されるため、夜中や早朝に行わねばならないほどでしたが、今ではだれにも愛される重要な都市施設として活況を見せています。構造や設備までをあらわにして街に開いた表情は、人々の新しい行動を喚起させ、新たな価値観すらも芽生えさせたのです。

旧市街に挿入された新たなデザイン

竣工時の様子

夢のある未来生活を描いたパース

プルイット・アイゴー団地 （設計：ミノル・ヤマサキ、1956）

モダニズムの建築理論が夢とともに語られていた20世紀半ばごろ、世界各地に巨大な団地が建設されました。そこには素晴らしい未来の生活が展開されるはずでした。しかし、時代の追い求めた「夢」に通じる形態でもあった画一性や巨大さは、現実には人間的なスケールからの乖離や個性の抑圧感によって、その多くがスラム化などの問題を抱えることになります。約3000戸のこの団地も、建築の賞をとるなど華々しいデビューでしたが、なんと竣工後20年を経ずに爆破・撤去されるという衝撃的な最期をたどりました。

20年を経ずにスラム化により爆破撤去

1-2 空間体験をしよう

建築の設計は、空間をつくることにほかなりません。そのためにはたくさんの空間を体験することが必須です。しかし、ただ漫然と眺めていても、それが血肉となって必要なときにイメージが「再生」したり「利用」したりできるものではありません。体験を自分のものとして利用できるようにするためにはいろいろなやり方があると思います。

体験を自分のものにする例として、身近な空間の構成を熟知することからはじめる方法があります。たとえば、ふだん自分が暮らす部屋から徐々に気になった周辺空間へ関心を広げていく。そして、それらを新しく体験した印象深い空間と比較することで、理解を深めていくことができるのです。下図は、筆者が担当した大学1年生の授業の提出物

ですが、左は記憶をもとに描いた自分の部屋。右はそのあとで実測によって描いたもので、同じ縮尺です。このような体験をしてみることで、自分のスケール感を確認するとともに、自分の部屋というもっとも深く体験している空間を、これから体験する空間を見る尺度（一種の単位）として使うことができるようになるのです。

頭 の 中 と
実際 は 案外 違う

興味深いことに、ほとんどの学生が、記憶による自分の部屋を、実際よりも小さく認識しているようです。家具など個々の物体は正しい寸法で認識されていますが、その間に存在している「空間」が見えていないのです。

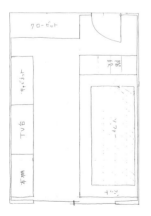

思い出しながら描いた自分の部屋

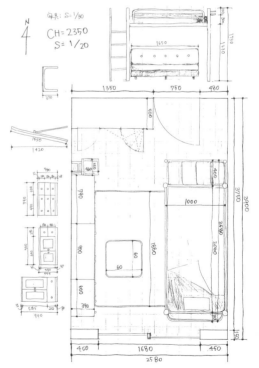

実測して描いた自分の部屋

私 の 空 間 体 験

　下の建築は、筆者が学生のころに体験した空間で、その強い印象ゆえに今でも設計の際によくイメージが浮かぶ例です。事例を実際の設計に役立てるには空間体験の要素を自分のものにできていなければなりません。そのためには左ページのようなトレーニングが有効なのです。そして読者のみなさんにも、それぞれ自分だけの事例を見つけてほしいのです。

大阪芸術大学塚本英世記念館（設計：第一工房、1981）
彫刻的ともいえるダイナミックな内部空間。導入部の低い天井高さと主空間との関係に感動した記憶があります。今も、断面計画、特に天井高の変化による効果を考えるときには、必ず思い出されます。

浄土寺浄土堂（1190年代）
シンプルで緊張感のある構造。建築空間と中央の立像の関係。太陽の移動によって変化する堂内の光環境に圧倒され、時を忘れて居続けた記憶があります。「自然光」を考えるときには必ず思い出しますし、お寺の本堂を設計したときには、やはりまっさきに思い起こされました。

木曽三岳木工所板倉アトリエ（設計：奥村昭雄、1973）
移築保存と、新しい用途の導入による空間の新鮮な再生。繊細で美しいプロポーションをもつ空間と、その美しさの裏づけである開口部などのディテールの存在に気づきました。今も、開口部や、最適なディテールを考えるときには思い出す存在です。

1-3 時間の流れを意識しよう

建築とは、空間と時間という2つの軸の中に存在するものです。つまり、建築は時間とともに変容するものであり、建築を安易に壊さないことの重要性が高まっている現代においては、そのことを肯定的に考えられないといけないでしょう。そのためには建築の時間による変化や変質を意識することが必要です。

商業化前の同潤会青山アパートメント

地域の商業集積化にともない職住混在した解体前の姿

現在の表参道ヒルズ

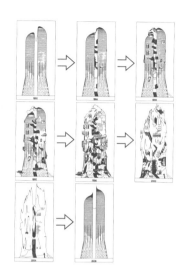

ピーター・クックのドローイング

このドローイングは、1980年代、ピーター・クックによる架空の都市に建つ集合住宅タワーで、時間軸の中での変容を描いたものです。無機質なメッシュ構造の表皮が、時の経過とともに住民の手で変容していき、なぜか28年後には、ほとんど元の状態に戻る。「繰り返す」という、文化の性質の一側面を表しているようにも思えます。

上2段の写真は、東京・表参道ヒルズの場所にかつてあった同潤会青山アパート（1927年全期竣工）です。新築当初は賃貸集合住宅として計画されていましたが（上段）、敷地周辺の商業化にともなって、職住混在の濃密な空間が醸成されていきました（中段）。しかし、それも不動産的な高効率化要請という経済原理には勝てず、現在は解体され、表参道ヒルズとなっているのです（下段）。

住宅実例に見る時間の流れ

これは、吉村順三設計の「御蔵山の家」。当初は若い夫婦のための最小限住宅でしたが、子どもの誕生、親の同居、という家族史の変化にともなって段階的に増築されていきました。その間に、実施設計者も吉村順三から石井修へと引き継がれましたが、実は当初から段階的な増築を意図した設計がなされ、それに近い形で現実にも変遷していったという、大変興味深い実例です。

第1期（1966）
若い夫婦のための、非常にコンパクトなRC平屋の小住宅です。将来増築部に廊下を延伸するための開口部（←部分）が設けてあります。

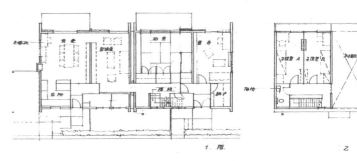

上は、第1期竣工後に吉村順三設計事務所で描かれた「将来計画図」ですが、左に示す実際の増築過程とは微妙に異なります。しかし、第1期工事の段階で将来を見据えた設計を行っていたからこそ可能になった住宅の成長であるといえましょう。

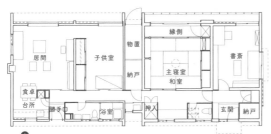

第2期（5年後）
子どもが生まれたため、同形のRC平屋で居室を増築しています。キッチンや浴室、食事室など、1期工事の多くはそのままです。

第3期竣工時写真

1階

2階

第3期（15年後）
親と同居することになったため、第2期工事部分の上部に木造で2階を増築しています。階段部分は第2期工事ではトップライトとして屋根に開口が設けられていました。親との同居は当初の予定にはなかったようで、右上の「将来計画図」とは違ったプランになっていますが、フレキシブルに対応できていることがわかります。第1期建物については「将来計画図」通りにキッチンを拡充して食事室と居間を別室に改修しています。

1-4 好きな建築家を見つけよう

将来、建築に関する仕事に携わっていこうと考えるならば、さまざまな知見を深め、自分のものにする必要があります。高いモチベーションをもつことも大切ですが、これはあなたの内側から自然にわいてくる興味や関心、好奇心を大切にすること、と言い換えてよいでしょう。モチベーションを持続させるいちばんの方法は、建築を見て感動する体験を重ねること。歴史的な名建築を見ること。ツアーなどもありますが、網羅的にとらえようとするよりも、好きな建築家を見つけ、作品を絞るのが効果的です。建築家は時代や地域に根ざすので、作品を手がかりに歴史的、地理的背景や人的交流などを探求すると、より楽しくなります。

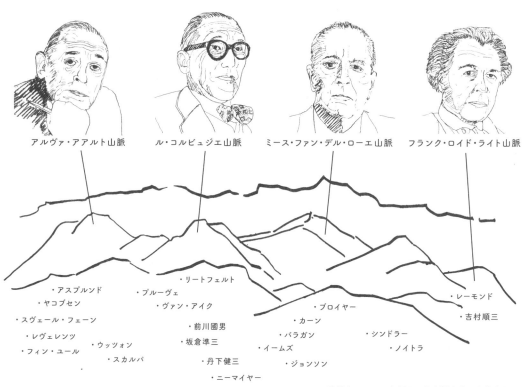

アルヴァ・アアルト山脈　　　ル・コルビュジエ山脈　　　ミース・ファン・デル・ローエ山脈　　　フランク・ロイド・ライト山脈

・リートフェルト
・アスプルンド　　・ブルーヴェ　　　　　　　　　　　　　　　　　　　　・レーモンド
・ヤコブセン　　　・ヴァン・アイク　　　　　　　・ブロイヤー　　　・吉村順三
・スヴェール・フェーン　　　　　　　・前川國男　　　・カーン
・レヴェレンツ　　　　　　　　　　　坂倉準三　　　・バラガン　　　・シンドラー
・フィン・ユール　　・ウッツォン　　　　　　　　・イームズ　　　　・ノイトラ
　　　　　　　　　・スカルパ　　　・丹下健三　　　・ジョンソン
　　　　　　　　　　　　　　　・ニーマイヤー

建築家のルーツを探るのは山脈を登るようなもの

建築家は、だれのもとで修業したか、あるいは地理的に関係し合うなど、いくつかの系譜に分けられます。たとえば、ベーレンスの事務所にはル・コルビュジエ、ミース、グロピウスが在籍し、また、アスプルンドに憧れてアアルトやヤコブセンが切磋琢磨しました。

さらに、ル・コルビュジエのもとでは前川國男や坂倉準三が修業し、丹下健三はじめ磯崎新、安藤忠雄など日本の建築家に影響を与えたといわれています。西洋から日本という流れには、ライト、レーモンド、吉村順三という住宅の系譜もあります。

ライト、ミース、ル・コルビュジエ、グロピウスのいわゆる四大巨匠建築家のほかにもカーン、スカルパ、バラガン、ウッツォン、ニーマイヤーなど歴史に残る建築家は大勢います。自分の気になる建築家を見つけたら、代表作品を調べ、建築見学を重ねれば、体験とともに建築に向き合うまっすぐな心根を強くすることができるでしょう。自分がなぜ建築の道に進もうとしているか、という大事な問いに答えてくれる建築家が見つかるかもしれません。

SECTION 1

グレン・マーカットのこと

グレン・マーカット

筆者の好きなオーストラリアの建築家、グレン・マーカットを紹介します。彼の建築の特徴は、乾燥したオーストラリア大陸の気候風土に向き合い、光や雨、風の流れを取り入れ、合理的でありながら独創的な建築に昇華していることです。また、すべての図面をたったひとりで手描きするという創作態度と作品の完成度が一致していることがユニークであり、読者のみなさんに伝えたいことの1つです。

マグニー邸外観（1990）。雨水を溜める屋根形状は独創的な内部空間へと導いている

屋根の初期スケッチ

屋根の素材、構造、高窓、水平換気窓の断面スケッチ

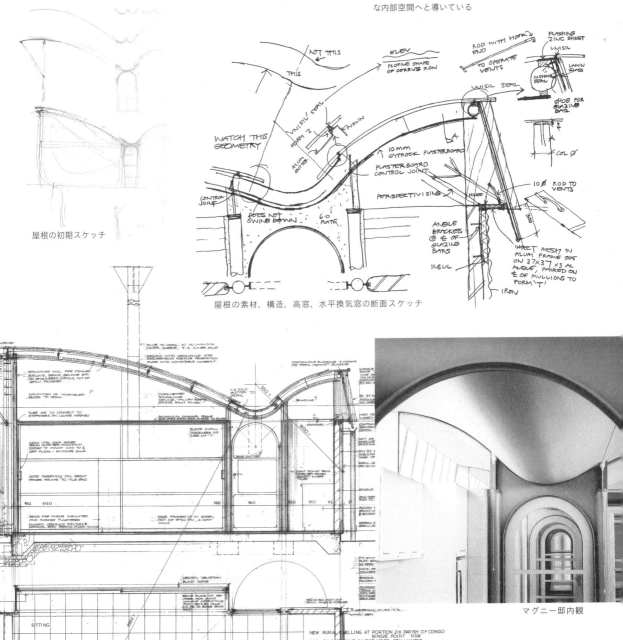

マグニー邸内観

矩計図　オリジナルは縮尺 S＝1：20。この縮尺で、風や雨の流れ、光の取り入れ方のほか素材や工法のディテールを同時に検討している

1-5 センスは磨くものと自覚しよう

建築のセンスは生来備わっているものではなく、「技術」のように、アプローチすれば
だれでもその人なりに修得できるものだと筆者は考えています。実は、センスがよいとい
われる人ほど、自分の考えをまとめようと工夫したり、コツコツと継続的に物事に取
り組んだり、ていねいに仕事をしようと心がけているものです。つまり、課題を見つけて
継続的に取り組む態度がセンスを身につけることにつながるのです。そのうえで、特
にこの項で紹介する以下の3つは意識的に取り組んでみることをおすすめします。

1 歴史に学ぶ

すぐれた建築図面のトレースを通して、疑似的な建築体験を重ねよう

すぐれた建築図面をトレースすることで、疑似的な建築体験が可能となります。きれいにト
レースするだけでワクワクするはずです。見ているだけでは得られない発見があるでしょう。

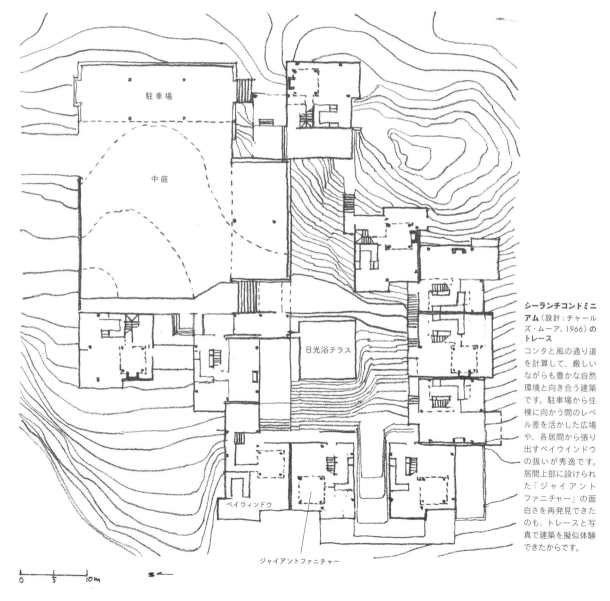

駐車場

中庭

日光浴テラス

ベイウィンドウ

ジャイアントファニチャー

0　　5　　10m

**シーランチコンドミニ
アム**（設計：チャール
ズ・ムーア、1966）の
トレース
コンタと風の通り道
を計算して、厳しい
ながらも豊かな自然
環境と向き合う建築
です。駐車場から住
棟に向かう間のレベ
ル差を活かした広場
や、各居間から張り
出すベイウィンドウ
の扱いが秀逸です。
居間上部に設けられ
た「ジャイアント
ファニチャー」の面
白さを再発見できた
のも、トレースと写
真で建築を擬似体験
できたからです。

2 手を鍛える
身近な空間を実測して寸法や仕上げなどを観察し描き留めよう

対象に向き合うには限られた室内を実測して詳細にスケッチするとよいでしょう。リアルな空間が寸法的にはどうなっているか、仕上げ、照明や家具、設備はどうかなど詳細に観察して描き留めることが重要です。対象に深く向き合うにはスケッチ＆実測という手法はとても有効です。うまい、下手にかかわらず、デジタル化が進めば進むほどアナログの価値は増すでしょう。

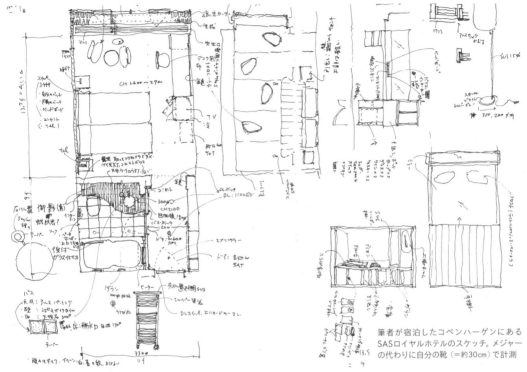

筆者が宿泊したコペンハーゲンにあるSASロイヤルホテルのスケッチ。メジャーの代わりに自分の靴（＝約30cm）で計測

3 五感を鍛える
好きな建築を創作の指標にしよう

自分の好きな建築を見つけて、何度も足を運びましょう。そのどこに惹かれるのか、ほかと比べてどうかなど自分に問いかけてみましょう。そこで一日過ごし、周辺環境とはどんな関係があるのか、どんな人が使っているのか、動線やスケール感、光や素材、寸法やディテールはどうかなど細部にわたって観察し、スケッチしたりメモしたりして、あたかも自分が設計した気になるくらい親しむことができれば、その体験が今後の創作活動の指標となるはずです。

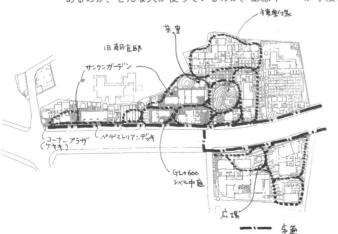

ヒルサイドテラスC棟（設計：槇文彦、1973）
基壇状にわずかなレベル差を設けた中庭を中心に回遊できる配棟計画やタウンスケールのボリューム感、窓のディテールなど訪れるたびに感動する、筆者の創作の指南役のような建築です。

1-6 他者を知り、想像力を養おう

設計する建築は多くの場合は自分が使うものではありません。自分と他人では感じ方が違います。ですから、建築家は他人の視点や生活感を想像することが必要になりますが、それは創造的なプロセスでもあるのです。人間を想像することでイメージが具体化することがあるからです。使う人の見えていない集合住宅や、大学の課題などのときには、その人物像を自分で想像してつくりあげることも、意味のあるエスキスとなります。

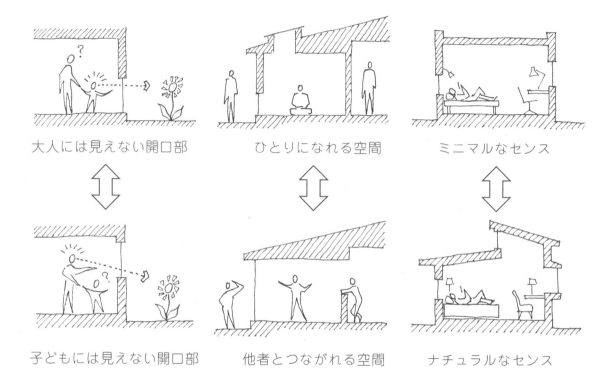

大人には見えない開口部　　ひとりになれる空間　　ミニマルなセンス

子どもには見えない開口部　　他者とつながれる空間　　ナチュラルなセンス

サイズの違いによる
スケール感の違いや
見えるものの違いがある

行動的な人と、
そうでない人とでは、
おのずと求めるものが違う

同じ要素をもつ空間でも、
嗜好（センス）の違いは
大きく影響する

その建築を使う人の人間像を想像することで、建築を考えるうえでの多くのヒントを得ることができる

このほかにもいろいろありますが、「年齢」などはわかりやすい例です。高齢者は若者よりも暗いところではものが見えにくくなりますし、転びやすいため、階段や不要な段差をつくるのは避けるべきでしょう。高齢者のための建築を考えるときには、自らが高齢者になったつもりで、想像力をフル回転しなければなりません。障がい者の場合も同じです。特に公共性の高い建築を設計する場合には、想像力を働かせる必要がありますが、想像するためには他者の身になって考えることができるやさしさのようなものが、建築家には必要なのです。

ある集合住宅のエスキス

筆者が集合住宅を設計したときのエスキスの例です。上は、音大生向けに企画された「音の出せる集合住宅」ですが、端部に防音室（▨部分）のある筒状の居室を、可動間仕切収納（▨部分）で任意に仕切ることで、多様な居住者に対応できることをプレゼンしています。下は、ひとりの人間が、独身 → 結婚 →子どもができる、くらいまで住み続けられるユニットのエスキスです。いずれもさまざまな人の生活を想像し設計しています。

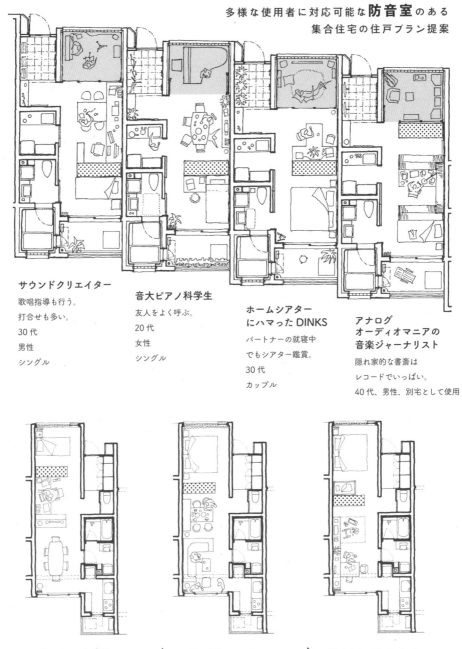

多様な使用者に対応可能な **防音室** のある
集合住宅の住戸プラン提案

サウンドクリエイター
歌唱指導も行う。
打合せも多い。
30代
男性
シングル

音大ピアノ科学生
友人をよく呼ぶ。
20代
女性
シングル

**ホームシアター
にハマった DINKS**
パートナーの就寝中
でもシアター鑑賞。
30代
カップル

**アナログ
オーディオマニアの
音楽ジャーナリスト**
隠れ家的な書斎は
レコードでいっぱい。
40代、男性、別宅として使用

独身時代 ⟹ 結婚した ⟹ 子どもができた

ライフステージの変化に対応可能な集合住宅の住戸プラン提案

1-7 社会を知り問題意識をもとう

建築は、住宅であれば暮らす人の人生に、公共建築であれば広く社会全体に影響を与えます。それを設計する人は、今、社会で起こっていること、問題になっていることに対しては敏感でありたいものです。そのためには、日ごろから視野を広くもって社会を観察することが大切です。建築のことだけ考えていると気づかないこともあるのです。

広く社会を見渡しながら、何か気になることがあったとき、それを建築で解決できる方法はないだろうか、と考えてみましょう。特に卒業設計などではこのような視点が不可欠です。大きくいって思考のアプローチには、1.調査・分析から問題点を抽出して、その解決法を探る方法、2.ひらめきに似た新しい発想が先にあり、それを何かに利用できないか探る方法、の2つがあると思います。多くの場合は、その両方が必要です。以下に、それぞれ異なった着眼点で社会に対する影響力の大きかった事例をあげてみましょう。もちろん着眼点はこれだけではなく、社会のいたるところにあります。

1. 構造、施工法による飛躍

内部空間

水晶宮（設計：ジョセフ・パクストン、1851）
万国博覧会会場という、短工期、大面積が要求される建築を、当事の工業化による同一部材の工場生産によって可能にしています。プレファブ的な発想の先駆けとなり、以後の建築のみならず社会全体に大きな影響力がありました。金属とガラスによる透明度の高い大空間は、視覚的にも大きなインパクトがあったことがうかがえます。

外観。焼失により現存しない

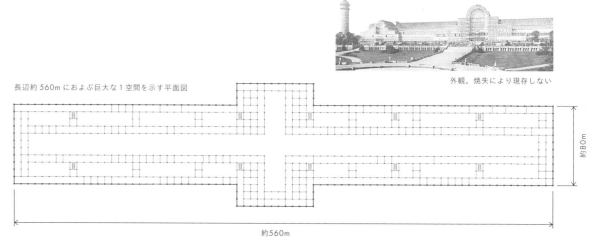

長辺約560mにおよぶ巨大な1空間を示す平面図

約80m

約560m

2. 建築計画的な変革

中央広場

中央広場
（コモンスペース）

住戸

トポロジカルダイアグラム

熊本県営保田窪第一団地（設計：山本理顕、1991）
通常は段階的に変化するパブリックからプライベートの
階層を、トポロジカルに裏返すことで社会から距離を置
いた団地居住者だけの空間（コモン）をつくり出すこと
に成功しています。常識的には考えたこともないような
使い方や空間構成を提案することによって、社会に新し
い価値観を誕生させる力が、建築にはあるのです。

3. 社会資産の活用

古いガスタンクの外皮を残す外観

内部空間

ガソメーター（設計：ジャン・ヌーヴェルほか、供用開始：1899、改修オープン：2001）
使用しなくなったガスタンクを、4人の建築家が1棟ずつ担当してリノ
ベーション。上層部はすべて集合住宅で、下層は店舗やオフィスとなっ
ています。地球環境レベルでスクラップアンドビルドの時代は終わった
といわれて久しく、建築遺産の残し方においても「生きた建築」として
使い続ける発想は、これからの建築家には必要になることでしょう。

column1 旅に出よう

この章は、日ごろからいろいろなことに目を向け、興味をもち、視野を広げていこうという内容でしたが、写真や図面、著作から得られることには限りがあります。建築は、その背景とともに実体験することで格段に理解が深まるものです。ですから、建築を考える者にとって「旅」はとても重要であり、多くの建築家は旅を通して知見を得、感性を磨いてきました。これからというみなさんにとっては、なおさらにそれは大切なはずです。そこで、ここでは旅に出るためのヒントを少しだけお話しします。

興味の対象を広げ、地域別に収集する

まずは見てみたい街や建築、行ってみたい場所の情報を日ごろから収集しておくことが大切です。頭の中に集めてもよいですが、思いついたときにメモしておくとよいかもしれません。

行程を視覚化する

それらは、いつしか塊になっていき、この地域に行きたい、この国に行ってみたい、という動機になるでしょう。そうしたらしめたものです。あとは楽しい旅の準備。実は、旅行は準備こそが大切で、かつ面白い部分なのです。これをいいかげんにすますなんてもったいない。旅程は最初に日程と行程を考えますね。みなさんは、修学旅行などで見たものをよく覚えているでしょうか？　多くの場合、断片的な印象や場面は覚えていても、つながりをもった記憶としては残っていません。なぜでしょう？　それは、他人が決めたコースを他人に案内してもらったからなのです。つまり旅程は自分で考えることがとても重要なのです。

それを地図上に視覚化してみることは、記憶に残すためにも旅自体を楽しくするためにも、とても有効です。ぜひ試してみてください。まずは旅行日程の視覚化からです。

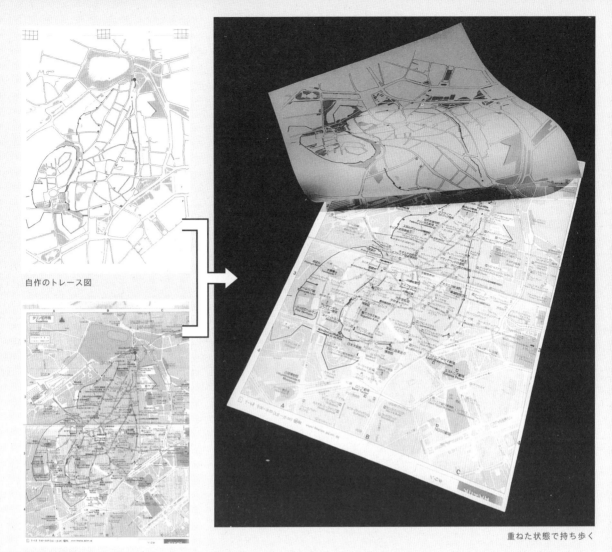

自作のトレース図

市販の地図

重ねた状態で持ち歩く

　訪ねる場所が決まったら、その街の地図を購入し、トレースしてみましょう。ふだん生活している街であっても、地図を写し取ることで新しい発見があったり、誤解に気づいたりするものですから、はじめて訪ねる場所であれば、その効果は計り知れません。地図なしでもホテルに戻れるようになることうけあいですし、それは街の構造を理解することでもあるのです。また、街歩きするときも地図を見る行為が少なくてすむということは、その分街に目を向けることができるということにほかなりません。スマートフォンの地図やGPS機能は便利ですが、人に案内してもらっているのと同じで便利さゆえに実になる経験にはならないのです。

　上は、筆者が訪れたエストニアのタリンという街で作成したものですが、市販の地図で街歩きの携帯に適したサイズ（縮尺）のものを購入し、それにトレーシングペーパーを1辺のみ接着してトレースしたものです。こうすることで自分にとって重要度の高い情報と道路の線形が浮き出してきますし、描いているうちに覚えてしまうのです。自分だけの地図、つまり自分にとってはいちばん見やすい地図ができるまで、それほど時間はかかりません。このときには、このままの状態で携帯し、歩いた道には色をつけましたが、旧市街の全部の道を効率よく歩くことができ、そのまま記録にもなりました。さあ、出かけましょう。

Chapter 2
エスキスの道具箱

エスキスをしようとして鉛筆を握っても手が動かない。何をとっかかりにしたらいいのかわからない。そういう経験をする人は少なくないでしょう。でも心配することはありません。いろいろな方法があるのです。この章では、そうしたエスキスに入っていく手法とあわせて、エスキスに必要な基本的な概念のいろいろを解説しています。この「道具箱」の中から、きっとあなたの手に馴染む道具や、その計画に合った道具が見つかることでしょう。

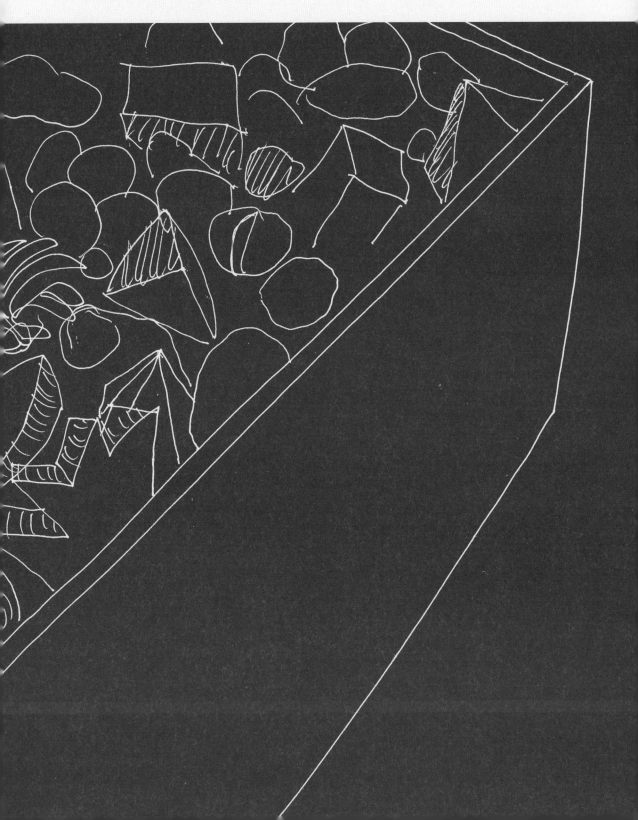

2-1 スケッチはコミュニケーションの道具

エスキスにあたって、実際に「手で」行うスケッチはとても重要です。手を使う機会は減ってきています。CADソフトは、アイデアを明確に図面で表現してくれますし、3Dソフトは、絵を描くことが得意でなくても、パースと断面を作成してアイデアを立体的に表現してくれます。コンピューターは、設計プロセスにおいて大いに役立つ一方で、スケッチは、とてもシンプルで力強い道具であることを忘れてはなりません。

鉛筆を使って紙に描くスケッチは、単純ですが、私たちのアイデアのプロセスを残しながらそれを形にし、素早いコミュニケーションを可能にします。たとえラフであっても、それをそのままプレゼンテーションに用いることで、効果的にアイデアが伝わります。一見単純なスケッチという道具こそが、アイデアのコンセプトを明確にし、相手に意図をより深く伝える力をもっています。完璧に描こうとせず、最初のアイデアをラフに描いてみてください。勢いと流れが大切です。ラフスケッチを描き、たくさん描き足していくことで洗練されていきます。以下にスケッチを構成する要素をまとめます。要素が表す意図を理解するとアイデアを効率よくまとめられます。

手描きのスケッチはプロセスがすべて残り、思考の軌跡を確認できます。また偶然性によって発見や新しいアイデアが浮かぶことがあります。

スケッチの要素と役割

1 線

太線、細線、破線など、異なる太さや線種を組み合わせることで、建物のさまざまなパーツや、パーツ同士の関係性を表現することができます。

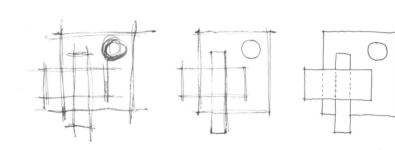

2 矢印

線の種類と組み合わせることで、視線、動線のパターンや、内部と外部、パーツ同士の関係性を表現することができます。

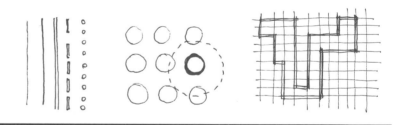

3 網かけ
（ハッチング）

網かけを使ってゾーンを
表現します。3D の図面で
網かけをつけるとより立
体的に見えます。

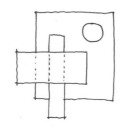 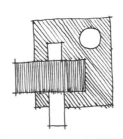 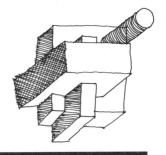

4 レイヤー

レイヤーは、異なる面の重
なりや関係性、奥行きを
表現することができます。

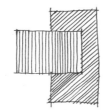 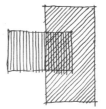 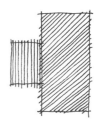

5 プロセス

ラフスケッチは、建物形
状を決める背景にある、
検討のプロセスを示しま
す。図は右が結果の形、
左はその形をつくる思考
のプロセスです。現実の
建物では左を見ることは
できませんが、どのよう
なコンセプトで形ができ
るかはこれらのスケッチ
で説明が可能です。

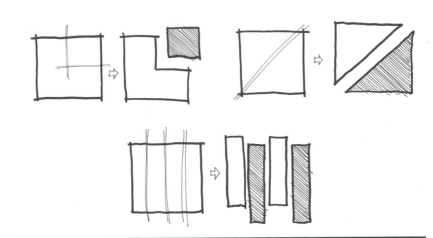

6 イラスト化

外的要件をイラスト化し
て全体のスケッチに加え
ます。1～5 のポイントと
組み合わせることで、光
や熱、日差しや風通しの
方向、強さ、これらの建
物への影響を表現するこ
とができます。

 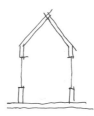 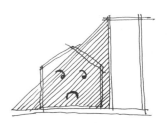

2-2 スケッチの種類

エスキスをするとき、建物のデザインをスケッチすることで、早くかつ簡単に
ビジュアル化でき、それを確認することができます。スケッチをする際、まずど
のような視点で描くかを決めます。視点の種類は、平面・断面、アクソメ・アイ
ソメ、パースなどがあり、何をスケッチで検討したいかによって選びます。

抽象的 | ABSTRACT

  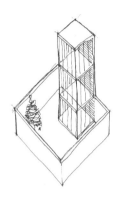

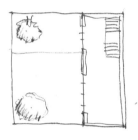  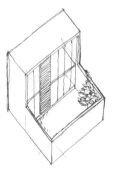

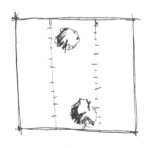 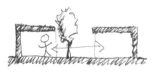 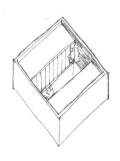

1 平面・断面

平面や断面で描く最初のスケッチは空間を理解し、考えを
まとめるのによい方法です。2次元であるため、距離や形
状を把握できます。

2 アクソメ・アイソメ

平面と断面の考えがまとまったあと、
3次元でどう見えるかを検証するため、
アクソメで描いてみましょう。平面で
描いた図からそれぞれの線を垂直に立

同じ建物を、左から平面図、
断面図、アクソメ、アイソメ、パースで表現。
右にいくほど具体的に空間の表現ができる

REAL 具体的

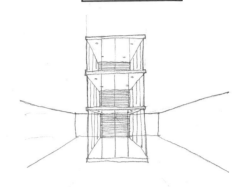

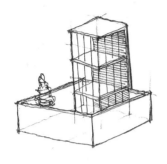

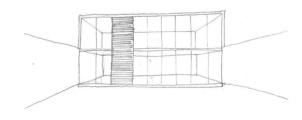

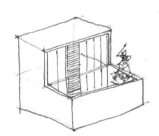

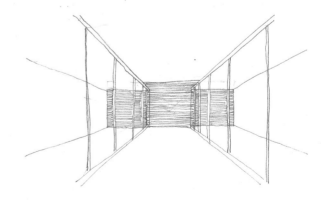

ち上げると、アクソメになります。アイソメ
はアクソメととても似ているものですが、ア
イソメのほうが、ゆるやかな角度をつけて描
くので、より実物に近い見た目になります。

3

パース
アクソメやアイソメは外からの見え方を表すときに適した
方法ですが、パースは空間の中からの見え方の表現に適し
た方法です。上図のようなシンプルな1点パースでも、内
部の様子をよりリアルに見せることができます。

2-3 スタディー模型で検討する

エスキスの中で模型は、デザインのアイデアを発展させるために欠かせないツールです。エスキスでつくる模型はスタディー模型とかラフ模型などと呼ばれ、常にプランや断面を検討するうえでスケッチと同様にたくさんつくります。ここでは、直方体の模型を使用してボリュームやプランを検討している様子を紹介します。

計画敷地に、ボリュームを意識した直方体の模型を置くと、ラフなアイデアを平面と断面の両方から検討することができます。下は居間、寝室、玄関などの機能をもったブロックを使って配置やボリューム感を検討した例です。ブロック同士すなわち機能同士の関係性を素早く簡単に理解できます。スケール感や空間全体の中に何がどう配置されているのかがわかるため、計画敷地のラフなアイデアや、建物の要件に合わせた形で検討ができます。

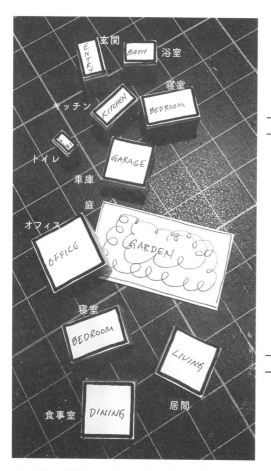

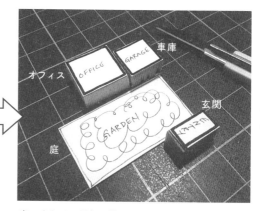

庭のまわりに最初の箱を置くことで、そこにつながる選択肢ができます。

庭の3辺に部屋を配置するという選択肢もあります。

これらは、事務所と庭がある戸建て住宅を構成する機能1つ1つを、1:100のスケール（縮尺）でブロックにしたものです。この時点で各部屋の正確な形はまだ未定ですが、適したサイズのブロックで作業をはじめることで、各機能のヒエラルキーを把握することができます。

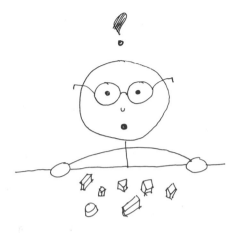

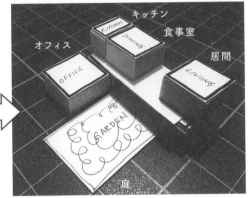

たとえば、部屋を積み上げて庭を見下ろすようにしたり、バルコニーを2階につくったり。

そうすることで結果的に3階建てで庭の2辺のまわりに部屋が固まっているL字形の構成ができます。

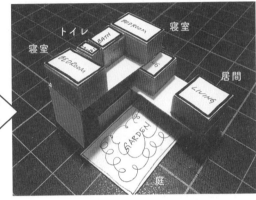

庭を挟んで部屋が向き合うように配置すると、面白い視覚的つながりができます。

結果的に、2階のバルコニーから庭を見下ろすようなつくりのU字形の構成ができます。

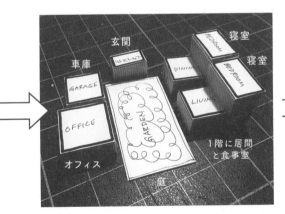
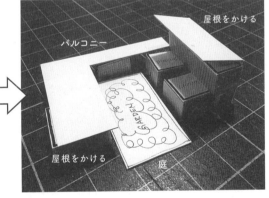

2-4 コンセプト模型をつくる

ここまで、それぞれの機能がお互いにどう関係するかを把握しながら建物の計画をすることについて学んできました。一方で、建物のデザインが、先に決めた全体のコンセプトやヴィジョンに先行される場合もあります。これを模型に表現したものがコンセプト模型です。

デザインを引っ張るのは、単純に部屋を積み上げただけのシンプルなコンセプトだったり、垂直方向への回転が連続するコンセプトだったりします。この「コンセプト」を確立させ、模型としての表現（コンセプト模型）を探求することによって、デザインの意図を明確にすることができます。そうすることで、あとに何度も計画を変更したとしても、あなたの描いている明確なコンセプトに向かっていくはずです。

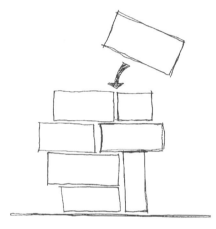

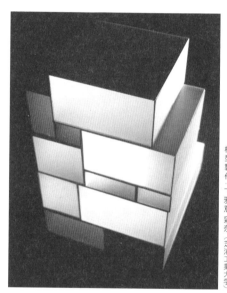

〈コンセプトスケッチ〉
箱を積み上げたものを建物ボリュームとしてとらえたコンセプトです。半透明のプラスチック板によって内部が見えることで、奥行きを把握することができます。

模型製作：下雅意彩奈（芝浦工業大学）

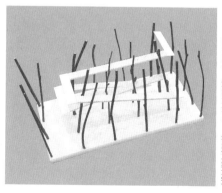

〈コンセプトスケッチ〉
外壁のない螺旋状の通路を抽象的に作成し、コンセプトがスパイラルであることと建物の形状を表現しています。

模型製作：池田たかとし（芝浦工業大学）

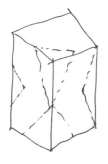

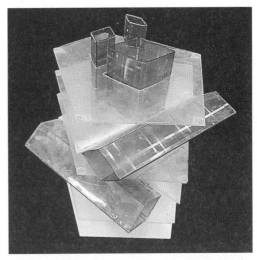

〈コンセプトスケッチ〉

異なるパーツをいちから組み立てていく足し算の方法ではなく、物体を削っていく引き算の方法で建物をつくることがあります。この模型は、彫刻的な形状を伝えるためプラスチック板を使用し、引き算の方法を使ってシンプルな形状を表現しています。

模型製作：中山大輔（芝浦工業大学）

〈コンセプトスケッチ〉

窓として穴をいくつもあけたコンクリートウォールのコンセプト模型です。このような形状の窓をつくることで、森の中を歩いているような雰囲気を壁が表現しています。

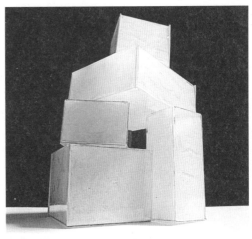

模型製作：木滑綾奈（芝浦工業大学）

〈コンセプトスケッチ〉

プラスチック板で作成した箱を積み上げ、建物のダイナミックな動きを巧みに伝えています。

2-5 スタディー模型の多様な種類

エスキスをより具体的に行ううえで、スタディー模型をとにかくたくさんつくることが重要です。たくさんの模型をつくり、多くの形状や可能性があることを示し、それらが実現可能であることを証明することができます。また、模型はスケッチ同様に、考えの履歴を残し、あとからさかのぼることができます。

最新版の模型を見ながら、そこにたどり着く過程の中にデザインのヒントを見つけることもあります。つくった数々の模型によって、各過程と最新版を比較でき、プロジェクトの全体図を明確に把握することができます。ここでは、妹島和世と藤村龍至が手がけた、それぞれのスタディー模型の一部を紹介します。1つの形が実現されるまでのプロセス、模型の物量を感じていただければと思います。

たくさんつくろう

すみだ北斎美術館のスタディー模型

すみだ北斎美術館（設計：妹島和世、2016）

中小規模の建物で構成される周辺環境に溶け込むボリュームのあり方を模索しています。多くのスタディー模型を作成し、室内の用途と周辺環境との関係性を同時に考えながら、開口やアングルの最良の形状を検討しています。外観に注目するならば、この建物がいくつかの形態をつなぎ合わせたものなのか、それとも1つの形態から複数の空間を切り抜いたものなのか、という疑問が生じます。いずれの解釈をするにせよ、複数のボリュームがついたり離れたりすることで、壁で囲われた建物でありながら、まわりの環境と関係をもてるようつくられています。妹島は、多くのスタディー模型による思索を経て、たくさんの解釈を、さりげなく同時に伝えうるような興味深いデザインを実現しました。

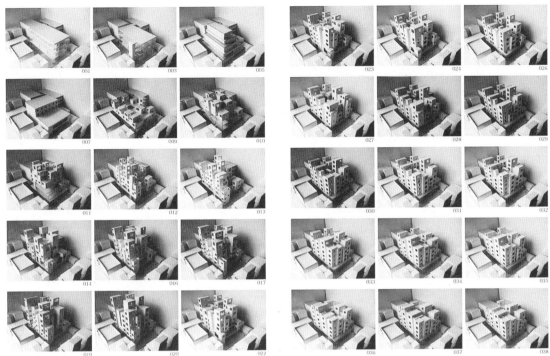

001 003 005 007 009 010 011 012 013 014 016 017 019 020 022

023 024 026 027 028 029 030 031 032 033 034 035 036 037 038

Building K プロジェクトのスタディー模型

住商混在ビルのスタディープロセス（上）と実際にできた建物（右）。模型をたくさんつくることは、その形状の情報を伝えるだけではなく、コミュニティーのステークホルダーから多くの意見を引き出す材料になります。以下に、藤村の文章を引用します。

〈建築を人より遅く学び始めた私は、設計を少し自覚的に学ぶ必要がありました。やがて設計とは、今知っていることを素早く「かたち」にすること（プロトタイピング）と、かたちにしたものを「ことば」にして新しい知識にすること（フィードバック）を繰り返すことだと学びました。かつてクリストファー・アレグザンダーは設計を「かたちとコンテクストのミスフィットを取り除くこと」だと定義しましたが、コンテクストが流動的で、読めない現代の状況でより確かな解に近づくひとつの方法は「3人寄れば文殊の知恵」＝より多くの知恵を集めることです。〉
藤村龍至『ちのかたち　建築的思考のプロトタイプとその応用』TOTO出版、2018

藤村は、「3人寄れば文殊の知恵」という格言を用いています。この格言の意味は、3人（多くの人）が集まれば、よい知恵（解決策）が生まれる、というものです。これを藤村のデザイン形成過程に当てはめてみた場合、たくさんの模型をつくることを通して建物の姿を形づくっていくプロセスに多くの人の手と心が貢献する機会を与えることで、よりよいデザインが生み出される、という意味になるでしょう。こうしたプロセスを繰り返すことで、どのデザインなら成功するのかといった判断が明瞭になり、洗練されたデザインが可能となります。先に紹介したように、スケッチのプロセスがデザインの素早い可視化を実現し、デザインの発展を迅速に促すのと同様の意義をもっています。

Building K プロジェクト（藤村龍至、2008）

2-6 スケールって何?

授業で、よく「スケールが合ってない」とか「スケール感を大切に」などといわれたことはないでしょうか。この場合のスケールとはなんでしょうか?

私たちがふだん使う「スケール」という言葉は、2つの意味があります。1つは1：100などの縮尺比率のことです。もう1つは、ものの大きさを測る尺度のことです。スケールが大きい、小さいといいます。ものにはそれぞれちょうどよい大きさがあります。それが「もののスケール」です。何を対象に考えるかで「スケール」は変わり、多くの場合、人と街（都市）が対象とされます。

ヒューマンスケール

人の体や心理的感覚にとって心地よく感じる寸法を「ヒューマンスケール」と呼びます。足に合わないサイズの靴や、長すぎて相手の話が聞こえないようなテーブルは「ヒューマンスケール」とはいえません。

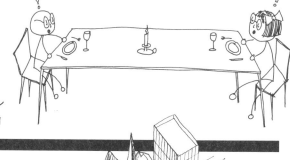

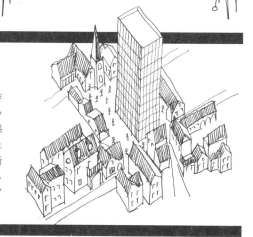

街のスケール

スケールは都市や建築にも存在します。住宅地の中に高いビルが建っていたら、威圧感がありますし、周囲の日当たりに影響します。これは「街のスケール」を無視してしまっています。「スケールアウトする」などともいいます。

下の2つのイラストで、あなたが心地よいと感じる街のスケールはどちらでしょう？ すべての街（都市）はそれぞれのスケールをもっており、それは建物や人と関係したものになっています。どちらのスケールが正しいというわけではなく、設計者がコンセプトによって、新しい建物をつくるときは、その街のスケールに合わせることを意識することがとても重要です。

中低層の街のスケール

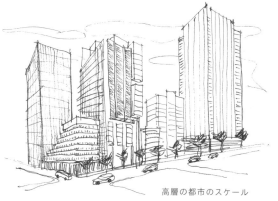

高層の都市のスケール

新しく建物をつくる際に、街のスケールに合わせる一方で、建物のスケールを街のスケールから変化させることで、その建物が街のシンボル（ランドマーク）となり、街と一体化した風景となることもあります。

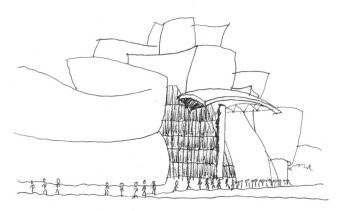

ビルバオ・グッゲンハイム美術館（設計：フランク・O・ゲーリー、1997）
この建物は、ダイナミックな動きをもつ波打つメタリックウォールで統一されています。川に沿って建てられており、そのロケーションと建物が一体となって目を奪われる風景をつくり出し、観光客を魅了します。

東京スカイツリー
（設計：日建設計、2012）
現在世界でもっとも高い電波塔で、そのスケールはまわりに比べて巨大です。その巨大な姿は、東京のどこからでも見える明確な街のシンボルをつくり出しています。

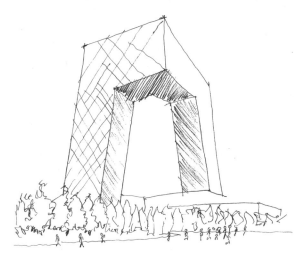

中国中央電視台本部ビル（設計：OMA、2008）
大きさもさることながら、2つのキャンチレバー構造が空中で合わさっている形の不思議さに目がいくことでしょう。このような大きなスケールで建物がキャンチレバーになっていることは非常に珍しいことです。この巧みな構造から、複雑な形状が大きなスケールで浮いているような効果を生み出しています。

シドニー・オペラハウス
（設計：ヨーン・ウッツォン、1973）
シドニーハーバーのオペラハウスは世界でもっともアイコニックな建物の1つでしょう。この貝殻のような形状を繰り返したシンプルなコンセプトをもつ美しい建物は、いまや街のシンボルとなっています。

2-1 ヒューマンスケールって何?

空間の設計や模型のエスキスをする際、適したスケールで行うために「人の体」の大きさを把握しておくことが大切です。ヒューマンスケールとは、人の体や心理的感覚にとって心地よく感じる寸法のことで、人と周囲の環境との大きさのバランスを考えます。ここでは、空間に関係する基本的な人の体の寸法を紹介します。

人の体に合わせて寸法が決められた建物（ヒューマンスケールの建物）では、階段、出入口、手すり、作業台、椅子、棚、器具の高さや幅などが平均的な人のスケールに合わせられています。また、歩行距離などの動作の寸法は、年齢、体型、姿勢、行為の目的によって変わるので、さまざまなシチュエーションを想像し、スケールを意識することが大切です。

1

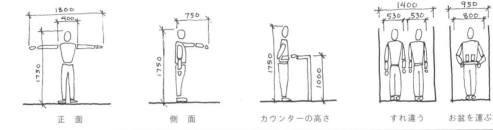

正面　　側面　　カウンターの高さ　　すれ違う　　お盆を運ぶ

立っているときのスケール（寸法）

2

デスクワーク　　ソファでくつろぐ　　ものを書く　　くつろぐ

椅子やソファに座っているときのスケール

3

床に座る

床に座っているときのスケール

4

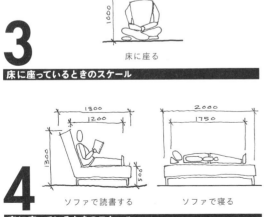

ソファで読書する　　ソファで寝る

床に座っているときのスケール

5

小上がりの畳のスペース

和室と人の行動のスケール

居間でおこる人の
動き（歩く・立つ・
座るなど）やそこ
にある家具の典
型的な寸法を示
しています。部屋
でおこる動作の種
類を理解すること
で、部屋の大まか
なスケールを決め
ることができます。

6
居間のスケール

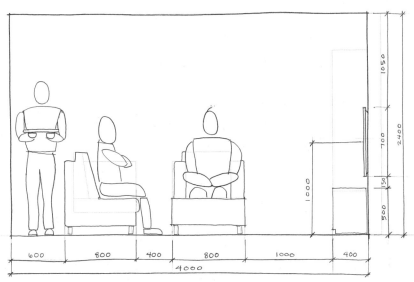

居間でテレビを見る。ソファの背後のスペースも重要

下図は、1から6までに示した多
様なスケールを1つの空間で活か
した場合の居間のアイソメ図です。

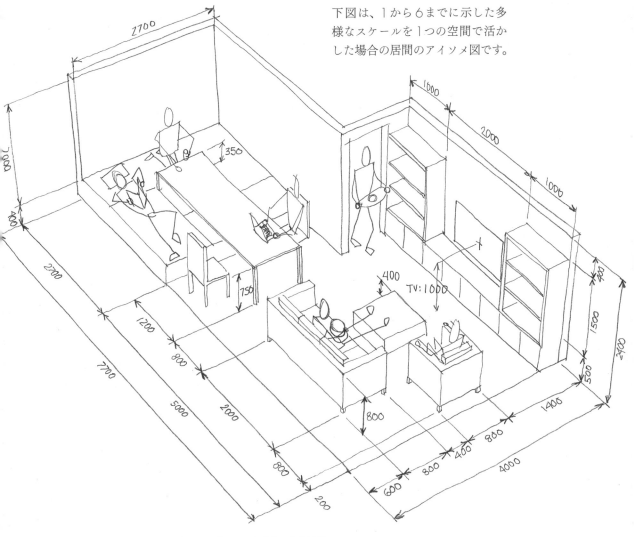

ヒューマンスケールの居間

2-8 ベッドルームの設計をしてみよう

スケール（寸法）感覚を学ぶために、寝室（ベッドルーム）の設計をしてみることはとても有効です。人の体は横たわるには1枚分のマットレスがあればすみます。その寸法は人の体がもとになっていますが、心地よい寸法と感じられるには、そこにいくらか余裕が必要になってきます。

ベッドルームのスケールはさまざま。どのくらいの広さが心地よいだろう？

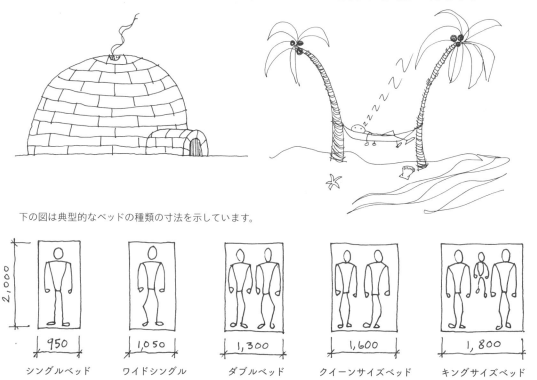

下の図は典型的なベッドの種類の寸法を示しています。

2,000				
950	1,050	1,300	1,600	1,800
シングルベッド	ワイドシングル	ダブルベッド	クイーンサイズベッド	キングサイズベッド

さまざまなベッドルームのスケール（寸法）

 ベッドを室内に置いてみましょう。ベッドのまわりにも歩くための幅とドレッサーなどを置くための余裕の寸法が必要です。

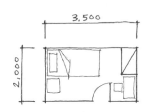

1 この部屋はシングルベッド、クローゼット、小さな机を置くのに十分な空間です。

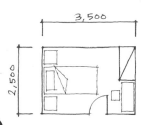

2 少し幅をもたせることで、より広く感じることができます。

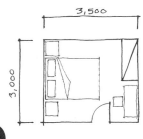

3 この幅では、ダブルベッドを置くことができます。

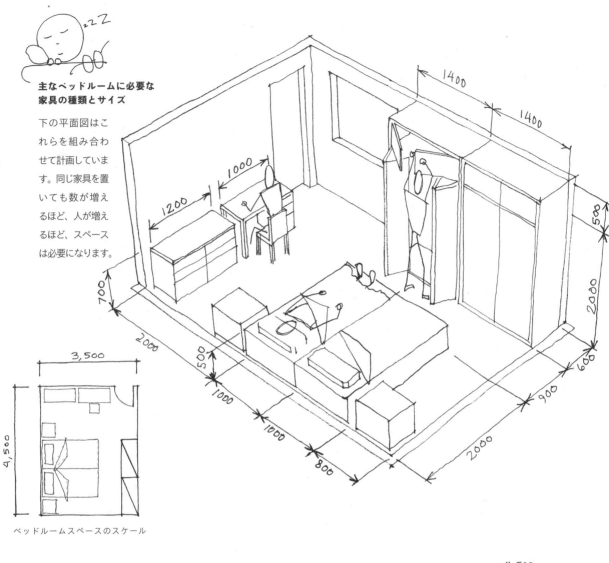

主なベッドルームに必要な家具の種類とサイズ

下の平面図はこれらを組み合わせて計画しています。同じ家具を置いても数が増えるほど、人が増えるほど、スペースは必要になります。

ベッドルームスペースのスケール

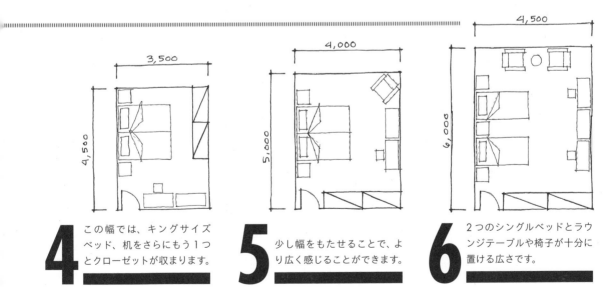

4 この幅では、キングサイズベッド、机をさらにもう1つとクローゼットが収まります。

5 少し幅をもたせることで、より広く感じることができます。

6 2つのシングルベッドとラウンジテーブルや椅子が十分に置ける広さです。

2-9 構造とスケール

設計の授業で、検討した建物の講評を受ける際、あなたの模型はおそらくスタイロフォーム、紙、プラスチック、糊で作成したものではないでしょうか。図面の壁や窓に適切な厚みは表現されていますか？ あなたが想像しているその建物は、現実には多様な材質からできているということを忘れてはいないでしょうか。

機能とスケールによりますが、建物は、木材、石、レンガ、コンクリート、鉄などからできています。石やレンガなどは硬く重く、閉鎖的、または鉄のように繊細でしなやかな材料は、巨大でも開放的な構造が可能になります。またその材料はつくり方や細部のデザインにも特徴を与えることもあります。その建物に適した材質をイメージして作業することは、デザインのポイントを伝えるうえでとても重要なことなのです。

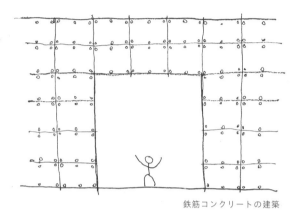

鉄筋コンクリートの建築

レンガ・石の建築は開口部がつくりにくい

木造（大壁）の建築

レンガ

レンガは積み上げてつくります。圧縮力に強いため、開口をつくるときにレンガ自体が右の図のようにアーチ状に押し合って、開口部をサポートします。逆に引っ張られる力にはとても弱いので、高いビルの構造には適しません。地震に弱く、日本の新しい建築ではこのつくり方を見ることはありません。

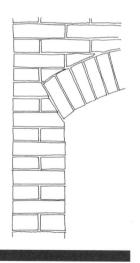

レンガの開口部

木 材

木材は軽くて強い材料で、圧縮力と引張り力の強さがほぼ同じです。木目に沿った力にはとても強く、木目に垂直な力には弱いです。よって、木目に沿って長く薄い材料を配置するのに最適です。

木造建築は細い材を組み合わせる

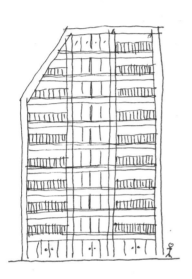

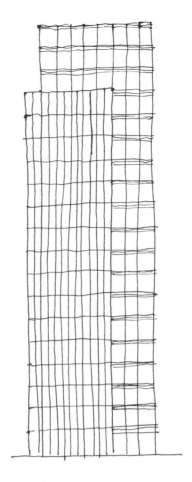

 鉄筋コンクリートは中高層の建物に適する

鉄筋コンクリート

レンガや石と同様に
コンクリートも圧縮力
にとても強いですが、
引張り力には弱いた
め、鉄筋を内部に入
れることによって、力
に耐えられる強度が
増します。さまざまな
形を造形できるのも
特徴です。中〜大型の
建物に適しています。

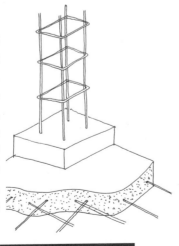

鉄筋コンクリートはコンクリートと鉄の長所を組み合わせる

鋼 鉄

鋼鉄も圧縮力や引張り力
に対して木材と同様に強
く、強度は木材の約 10
倍あります。建材の中で
はもっとも強度が高い材
料の 1 つです。また鉄筋
コンクリートよりも少な
い量で強度を発揮するた
め、軽く開放的にするこ
とができます。高層の建
物にとって理想的な材料
です。熱に弱いという弱
点があります。

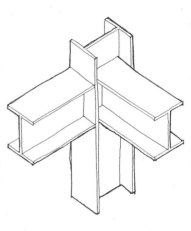

鉄骨造は強くしなやか。開放感のある空間をつくることができる

2-10 適切なスケールを使う

ここでのスケールは縮尺の意味です。デザインする対象の大きさによって、適した図面のスケールは変化します。小さいものは分母が小さい（縮尺が大きい）スケールを使い詳細を表現します。反対に大きいものをデザインするときは、分母が大きい（縮尺が小さい）スケールを使い、広範囲を表現します。ここに示すのは、フランク・ロイド・ライトが設計した異なる建築や物の図面の要素を抜き出したスケッチです。タイルから都市まで大きさに適したスケールを使って描いています。

スケール 1：10 の場合

タイル詳細
エニス・ハウス（1923）
1：10 のスケールは壁のタイルのパターンなど、詳細を検討するときに適しています。さらに大きな 1：5、1：2、1：1 で描くものもあります。

スケール 1：30 の場合

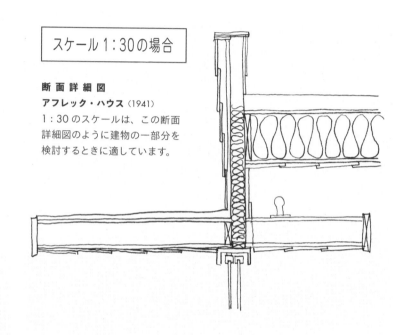

断面詳細図
アフレック・ハウス（1941）
1：30 のスケールは、この断面詳細図のように建物の一部分を検討するときに適しています。

スケール 1：400 の場合

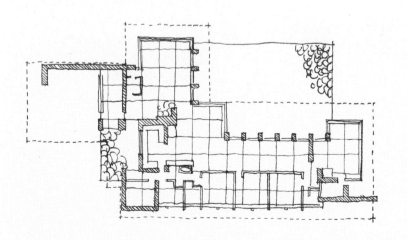

平面図
グリッグス・ハウス（1945）
1：400 のスケールは建物を含む周辺をエリアとして広範囲で見るときに適しています。たとえば、外構や庭を含む家全体を表現したいときに使います。

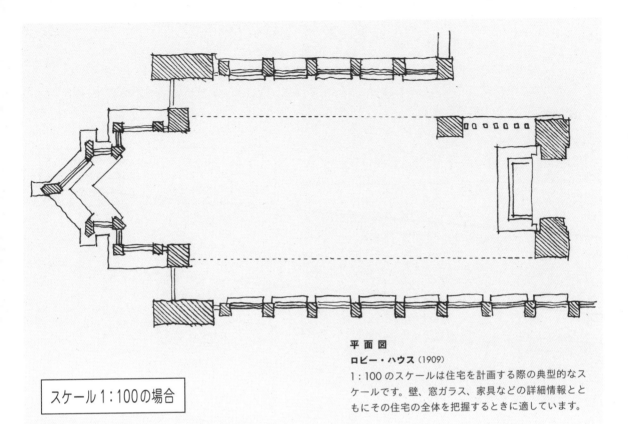

平面図
ロビー・ハウス (1909)
1：100のスケールは住宅を計画する際の典型的なスケールです。壁、窓ガラス、家具などの詳細情報とともにその住宅の全体を把握するときに適しています。

スケール1：100の場合

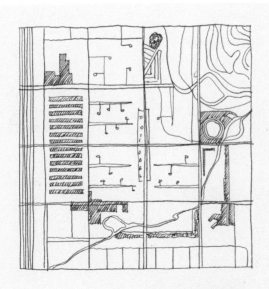

都市計画平面図
ブロードエーカー・シティー (1932)
こちらは、400分の1よりもかなり大きくなった、都市計画に適したスケールです。建物は詳細を表現せず、屋根や平面形状によってそれらの建物が街のどこにどう配置されているかを表現しています。

スケール1：50000の場合

フランク・ロイド・ライトは、建築と都市の両方をデザインする多才な人でした。彼はそれぞれの大きさに適したスケールを使って描く一方で、すべてのスケールで自身のデザインスタイルを表現しています。このように、異なったスケールで一貫してデザインスタイルを表現することが可能なのも、スケールとデザインの関係性の面白いところです。

2-11 ダイアグラムって何?

絵や矢印などの記号を使って機能の配置や関係性を表し情報を見える化した
ものをダイアグラムといいます。エスキスにおいてはダイアグラムは考えを
整理するのに役立ちます。ダイアグラムにはいくつかの表現方法があります。

機能のつながりを示すダイアグラム

下図のように、建物の中にある異なる機能を円
ごとに描き、それぞれを矢印や線で結ぶと、機
能同士の関係性を把握することができます。

いろいろな機能をただ描き出しただけのバブ
ルダイアグラム。相互の関係性はわからない

矢印でつなぐことで機能のつながりが明らかになる

内部と外部の
スペースの関係性を示すダイアグラム

下図は上が断面図、下は外部との関係をダイア
グラムにしたものです。ダイアグラムは、建物
と周辺環境の関係性を説明したり、視線や採光
を表すことも可能です。また具体的な改善点や
提案が見えてきます。

この家はビーチにあるから、眺め
をよくするには、家の向きを海側
にして高さを上げるのがよいな。

この家は森の中にあるから、
木々に囲まれていることを感じ
るために壁がないのがよいな。

この家は街の中にある。喧噪を避
け、プライバシーを守るには、家
を内側に向けるのがよいな。

断面スケッチ

断面スケッチ

断面スケッチ

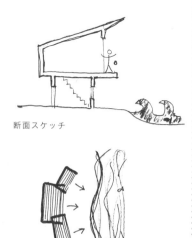

ダイアグラム

ダイアグラム

ダイアグラム

空間構成を示すダイアグラム

平面図や断面図上で線の太さの違いや矢印を使い分けることで、コンセプトを明確に伝えることができます。構造や動線、屋内や屋外のつながり、入口からの連続性、建物のプロポーションなどのディテールを表現することができ、建物をあらゆる面から検討することができます。下の図は、上段が建築家による住宅の平面図・断面図で、下段がそれらをダイアグラム化したイメージ図です。太線は壁や囲い、矢印は空間のつながりを表しています。

平面図のダイアグラム化

ヴィラ・ロトンダ
（設計：アンドレア・パラディオ、1591）

バルセロナ・パヴィリオン
（設計：ミース・ファン・デル・ローエ、1929）

サヴォア邸
（設計：ル・コルビュジエ、1931）

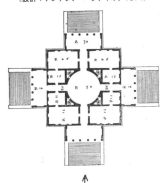
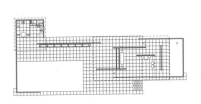
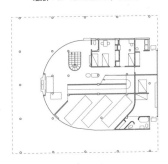

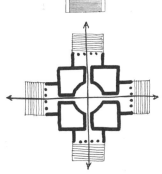
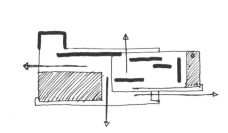

断面図のダイアグラム化

住吉の長屋
（設計：安藤忠雄、1976）

スカイハウス
（設計：菊竹清訓、1958）

ユニテ・ダビタシオン
（設計：ル・コルビュジエ、1945-1952）

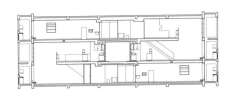

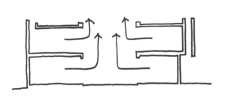
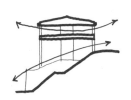
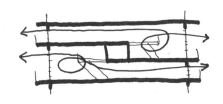

2-12 ゾーニングで中間領域を考える

空間計画で大切なことは、ゾーニングと各ゾーニングの重なりを理解することです。
建物の部屋の配置を考えるとき、各部屋を必ずしも壁で分ける必要はありません。
居間と食事室は組み合わせて1つの部屋とすることもできますし、1、2段の階段を
つけることで微妙に分けることもできます。1枚のガラスで庭とそれに面した寝室と
を分け、外部と内部の微妙な境目をつくることもできます。この2つの空間を同時
に感じられるエリアを「中間領域」といい、より豊かな空間となります。

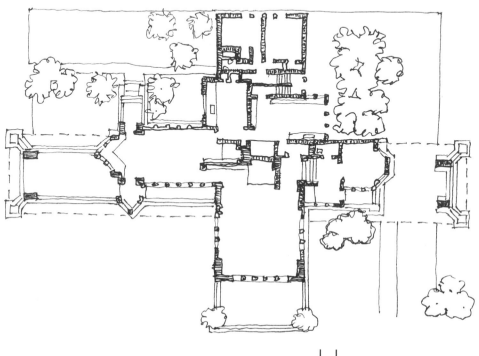

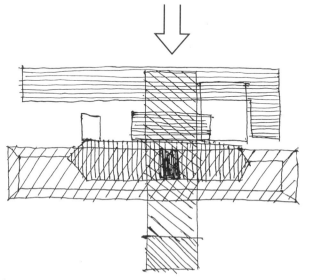

フランク・ロイド・ライ
トは、内部と外部の空間
を巧妙に使った中間領
域をつくり出す建築家で
した。自然をこよなく愛
した彼の作品は、開放
感を建物の内部からも
感じられるようなつくり
になっています。彼の作
品の1つであるワード
ウィリッツハウス（上図参
照）は庭と内部空間を部
分的に重ね合わせてお
り、この技法によって、
家が自然の一部になっ
ているのです。

ワードウィリッツハウス（設計：フランク・ロイド・ライト、1901）
平面図をダイアグラム化しゾーニングの重なりを見る

中間領域を考えるエスキスのプロセス

図**1〜5**はゾーニングを考えながら部屋の配置をするプロセスです。部屋や各ゾーンの重なった部分が中間領域を生み出します。

テラス TERRACE

キッチン・寝室 KITCHEN/BEDROOM

LIVING/DINING 居間・食事室

プール POOL

1 住宅の中の4つのゾーンを、平面図を考えながら配置します。

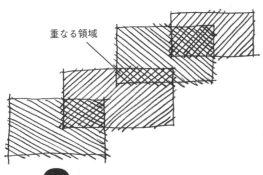

重なる領域

2 ゾーン同士が重なり合った部分に新たなゾーンが生まれます。

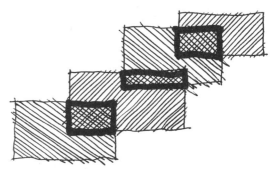

3 4つのゾーンだったものが重なり合った部分に新たなゾーンが生まれることで合計7つのゾーンになります。

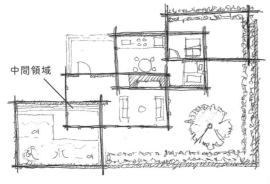

中間領域

4 重なり合ってできたゾーンが中間領域になり、新たな機能をもたせることができます。

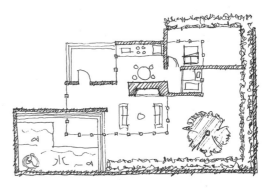

5 中間領域が2つの異なるゾーンの境界をぼかして一体化させつつも、それぞれのゾーンの独自性も維持しています。

2-13 プログラムを解く①

プロジェクトや課題に取り組むとき、必要な部屋と面積のリスト（プログラム）を受け取るでしょう。各部屋がどのような機能であるかを理解するうえでの最初のステップは、それらのスケールを正しく把握してスケッチすることです。また、これらを紙でつくって各部屋の機能的な配置を検討することもとても重要です。

下は、各部屋を機能ごとに面積に合わせてスケッチしたものです。住宅の場合、次に行うことは、各部屋を「パブリック」と「プライベート」に選り分けすることです。それができたら、各部屋をデザインのコンセプトによって配置していきます。この家に住む人々をどう交流させたいでしょうか。彼らと外部にどのような関係性をもたせたいでしょうか。

機能と各室の必要面積

玄関	6m²
居間	36m²
食事室	24m²
キッチン	12m²
浴室	8m²
トイレ	4m²
洗面	4m²
主寝室	20m²
子ども部屋 A	12m²
子ども部屋 B	12m²

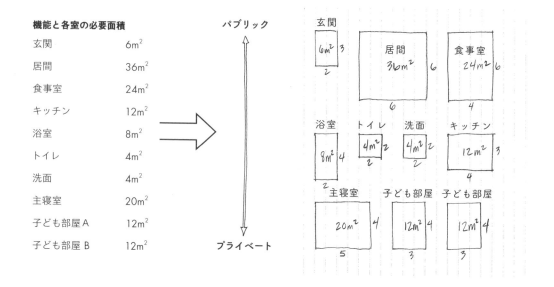

例1 中庭を中心に置くエスキス例

中庭（コートヤード）に木々を植えたい場合、中庭をまん中に配置し、それをもとに各部屋をラフに配置すると、平面図のスケッチにとりかかることができます。

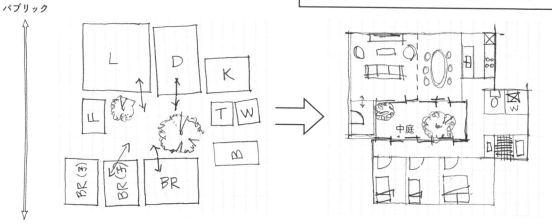

L：居間　D：食事室　K：キッチン　T：トイレ　W：洗面　F：玄関　B：浴室　BR：主寝室（子ども部屋）

例2 細長く機能を配したエスキス例

敷地がとても長く狭い場合や、すべての部屋から美しい海などの景色を望みたい場合、1列に各部屋を配置するとよいでしょう。

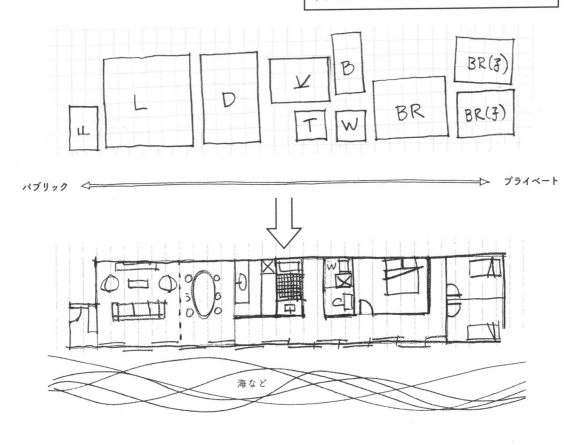

例3 森の木々のように各室を配し中間領域をつくったエスキス例

条件を設定せずにランダムに各部屋を配置してみると、部屋と部屋の間に中間領域ができます。そこに木々を植えることで、その中間領域が効果的なアクセントになります。

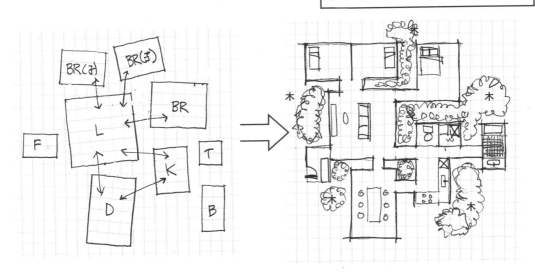

2-14 プログラムを解く②

前節では、住宅の機能を単純な図形のダイアグラムに置き換え、並べてみることからプログラムを解いていく方法を紹介しました。この節ではもう少し具体的で複合的な、保育園のプログラムを解いてみましょう。プログラムをダイアグラムや模型にすることで、何をポイントにして解いたらよいのかヒントが得られるはずです。

建築には、施主から与えられる条件を、現実に即した用途や規模として解決することが求められます。建築家は敷地のもつ可能性を最大限に活かし、周辺環境と調和し、機能を満たす空間の実現を目指します。授業の課題においても同様です。それでは次のようなプログラムの保育園を考えてみましょう。

出題された保育園のプログラム

3歳児室 50m² × 1室
4歳児室 50m² × 2室
5歳児室 50m² × 2室
遊戯室 100m² 以上
職員室（保健室兼用可）適宜
図書室、会議室、倉庫、廊下、トイレなど

1 各室の大きさを把握する

まずは面積表に沿って、主要室を長方形など単純な図形で表現します。ノンスケールでもかまいませんが、方眼紙を用い1:200〜1:500など、早い段階でスケール感を押さえましょう。平面図に移行しやすくなります。このとき必要機能をいったん離して配列してみます。その後、どう結びつけるかを考えます。

2 機能にイメージをふくらませ、動線を頼りに結びつける

動線を意識しながら各室を配置します。A案は遊戯室を各保育室がL字形に囲む案です。「職員室は3歳児室やエントランスに近いほうがいい」など事例を研究しイメージをふくらませます。外構計画はプログラムに記述がなくても、具体的にイメージします。運動会ができる、菜園、池、シンボルツリー、公園と連続しているなど。

3 A案とはまったく違うB案を考える

遊戯室を各保育室が放射状に囲む別の案を考えます。プログラムは同じですが遊戯室と保育室の関係、外構は異なります。代替案をつくることで比較し、より強い案にすることができます。

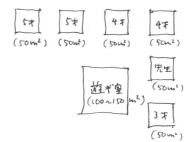

機能をバラバラにして配置する（スケッチ）

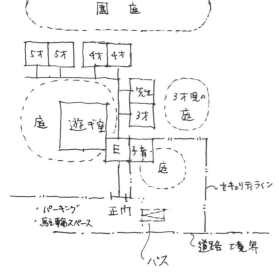

A案・遊戯室を囲むL字形配置案（スケッチ）

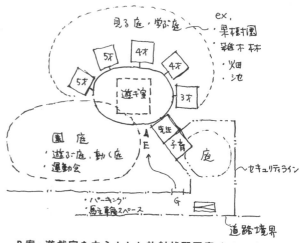

B案・遊戯室を中心とした放射状配置案（スケッチ）

園庭、遊戯室、保育室の配置を模型でエスキス

ブロック模型をつくります。左ページのA案、B案をそれぞれ検討しています。このとき、たとえば、「園庭を囲む子どもたちの学び舎」というコンセプトを掲げたとします。園庭の位置や形に加え、保育室、遊戯室と職員室の配列の違いによって、それぞれの場の関係性だけでなく、動線や外観、内部からの見え方などが大きく異なっ

てきます。模型によるエスキスは各部を適度に独立させながら関係づけ、「なんとなくこんな感じがいいかな」というイメージをいったんフィックスすることで客観的に見ることができます。いわば、客観性と偶然性を両立させることのできる、エスキスにはなくてはならない、思考ツールといえるでしょう。

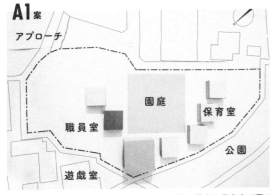

公園の園路に近接して遊戯室を配置し、その奥の園庭を保育室が囲む

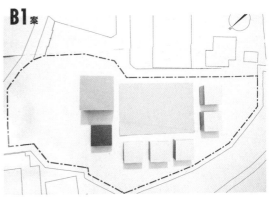

遊戯室をアプローチ側に寄せ、園庭をコの字に囲む

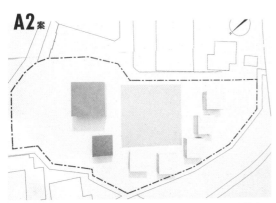

遊戯室をアプローチ側に寄せ、園庭を中心に保育室が雁行配置する

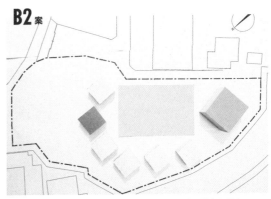

遊戯室を東に寄せ、45度振った雁行配置で園庭を囲む

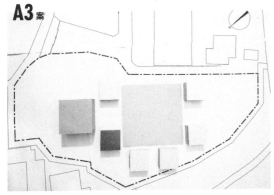

遊戯室を園庭から離し、コの字状に保育室が園庭を囲む

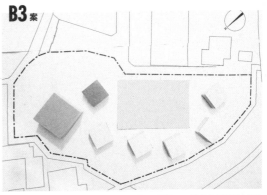

遊戯室をアプローチ側に寄せ、ランダムに配置した保育室が園庭を囲む

2-15 コンセプトを発展させる

コンセプトは着想したアイデアのままでは十分とはいえません。保育園の課題で、「庭とともに育む園舎」というコンセプトを掲げたとします。先生はあなたに質問するでしょう。「なぜ庭なの」「どんな庭なの」。コンセプトワークでは、WHY「着眼した理由」、WHAT「どんな空間か、どのように使うか」、HOW「どのように組み立てるか」を示し、言葉と図で人に伝えやすくすることが重要です。

コンセプトワークは思いつく言葉の羅列からはじめましょう。まず、形や空間イメージがある場合はそれを言葉に置き換えてみてください。「……のような場をつくる」など漠然としていてもかまいません。いくつも言葉をあげたら、図にできそうなものからダイアグラム化してみましょう。その中から空間的な仕組みや何か新しい視点につながるものは、コンセプトとしてプロジェクトを推進する原動力になることでしょう。

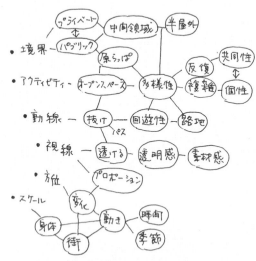

保育園のエスキス①
キーワードの見える化・関連づけ

考えを整理する言葉探し

思いつくままに言葉を書き出し、関連ワードを結びつけてダイアグラム化すると頭の中を整理できます。気になる言葉、面白そうな言葉、新鮮な響き、リズムのよい言葉、空間につながる言葉、自らつくり出した言葉などコンセプトにつながる言葉を見つけましょう。よい言葉はプロジェクトの推進力になるはずです。

スケッチダイアグラムでやりたいことを明確に！

与えられた機能から直感的なイメージをダイアグラム化してみましょう。何もイメージが浮かばない場合は与条件にある空間や場を独自に図化してみると、何か自分だけの発見があるかもしれません。

スケールを合わせて検証してみる

平面図を描く段階でもスケッチダイアグラムでコンセプトを整理し、人に伝わるかどうかチェックしましょう。平面図にトレペをあててスケッチすれば、簡単にプレゼンで役立つダイアグラムができます。色づけや矢印、線の強調、簡略化など何を伝えたいかを明確にしましょう。

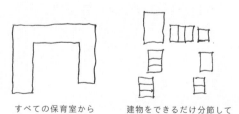

すべての保育室から庭が見える園舎をつくる　　建物をできるだけ分節して子どものスケールに合わせる

保育園のエスキス②
機能をダイアグラム化

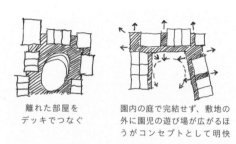

離れた部屋をデッキでつなぐ　　園内の庭で完結せず、敷地の外に園児の遊び場が広がるほうがコンセプトとして明快

保育園のエスキス③
コンセプトを現実的に

ル・コルビュジエのコンセプトスケッチを見る

巨匠もコンセプトはスケッチから。ル・コルビュジエのラ・トゥーレット修道院の初期スケッチから実施案にいたるまでの一連のコンセプトワークを見てみましょう。

1 初 期 案

敷地の特性である傾斜地をそのまま活かすようにピロティで建物を浮かしています。斜面地の傾斜は屋上まで続くスロープの案になっていましたが、クライアントには受け入れられませんでした。

中庭外観写真

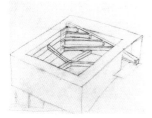

担当者のクセナキスが描いた
アイソメ図のエスキス

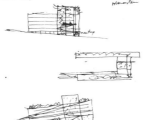

ル・コルビジュエ自身の
初期スケッチ

2 実 施 案

コルビュジエは、個人生活、共同生活、精神生活（祈祷）のそれぞれ独立した場が結ばれるという修道院建築の伝統から着想し、「厳格なグリッド、自由な平面、意図的複雑さの3つの空間とそれらをつなぐ動線空間」というコンセプトを掲げ、実施案の骨格を固めています。

右図の凡例

A 個人生活の場：
厳格なグリッドによって構成される

B 共同生活の場：
活動ごとの空間は自由な平面で構成される

C 祈祷の場：個性的な小建物で構成される

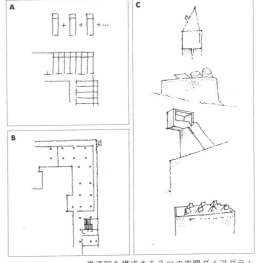

修道院を構成する3つの空間ダイアグラム

コンセプトを伝える空間的ダイアグラム

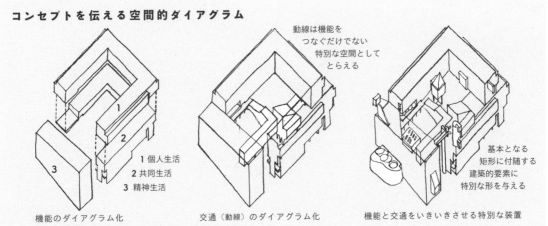

動線は機能を
つなぐだけでない
特別な空間として
とらえる

1 個人生活
2 共同生活
3 精神生活

基本となる
矩形に付随する
建築的要素に
特別な形を与える

機能のダイアグラム化　　交通（動線）のダイアグラム化　　機能と交通をいきいきさせる特別な装置

プレゼンでははじめから完成形の3を見せるよりも、過程を示す空間ダイアグラムをあわせて示すことがとても重要

column 2　考えるためのスケッチ

この章では、デザインプロセスを通じて多くの表現方法や思考の概念を見てきました。特に、この本のテーマであるエスキスと関連が深いですが、手で図面を描くことは、多くの異なるアイデアを一目で把握するのに効果的です。手描きの図面では、紙面上に落とし込まれたアイデアやコンセプトから想像力を使って全体像を理解します。その理解のプロセスで、思いがけない偶然を発見したり、ヒントが得られたりするため、コンピューター上での作業のみでは考えもしなかった発想が得られることがあります。ここでは、手で描くスケッチで、私が学生のときによく親しんでいた方法を紹介します。

私が学生時代に好んでいた方法は、1枚の紙にいろいろな発想をスケッチにして描くことでした。下の図は、1つのプロジェクトをさまざまな角度や図法で1枚の紙におこしていたものです。これらのスケッチ

は、とてもラフなものですが、すぐに新たなアイデアや印を追記でき、考えのプロセスを紙面上で記録することができます。描画した線や印1つ1つが考えのプロセスであり、考えをつなげてくれ、整理をし、

 スケッチのゴールは美しい描画をすることではなく、

理由づけとなります。そこに想像力が加わることで、新たな発見ができ、さらにアイデアを発展させ、その全体像をすぐに紙に描くことができます。スケッチのゴールは美しい描画をすることではなく、このプロセスを繰り返しながら、アイデアを洗練させていくことです。

右は、断面パースを描くプロセスを説明したものです。課題のプレゼンなどでよくパースを描くことがあるかもしれませんが、断面パースはエスキスにおいても、デザインの検討に役立ちます。たとえば、右の図の2ではまだ柱割は決まっていませんが、側面のデザインを描くときに描きながら検討できます。平面情報が確定していなくても、ラフに検討できるので、パースをぜひエスキスにも役立てていただきたいと思います。

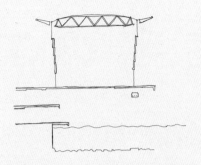

内部を見せたい部分の断面図を描く

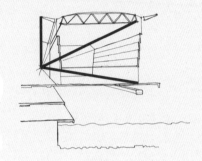

消失点を決めて、断面図から線を延長。
形を立体的におこす

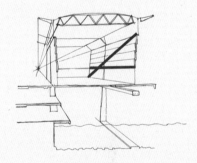

斜線で2つに分けて、間のポイントを決める

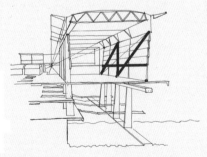

斜線の切替えで、正確な比率を求め、
簡単に立体的な空間を表現できる

よいアイデアを先導すること

Chapter 3
住宅のエスキス

ここからは実際の設計を前提に、その前に行うエスキスの手順、プロセスを見ていきます。多くの建築を学ぶ学校では、初期の課題で住宅が出題されると思います。住宅は生活の基本単位であり、私たちにとって身近な場所だからです。もちろん、実際の住宅設計においても同様のエスキスが必要ですので、本章では、実際に建てられた小さな住宅のエスキスを１つの事例としてとりあげます。

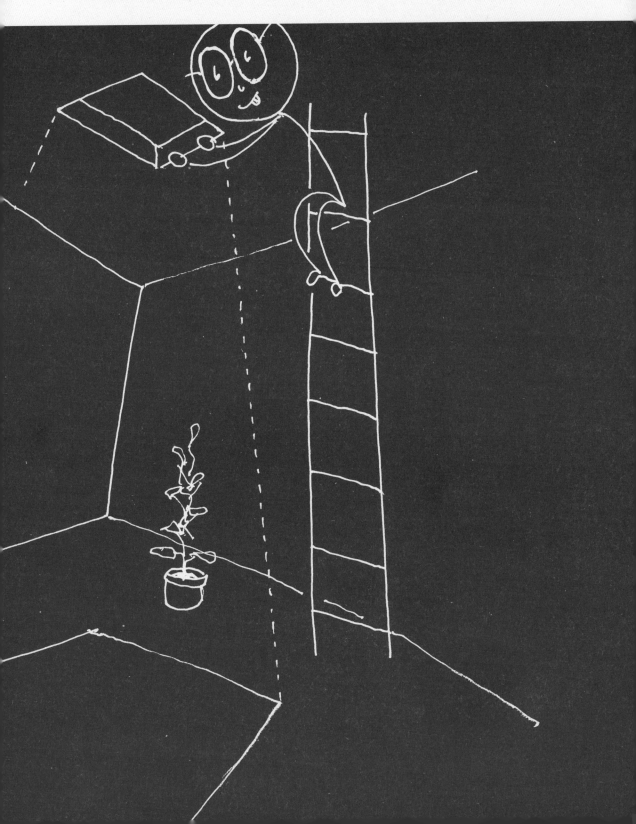

3-1 課題と敷地を読み解く

最初に、小さな住宅を例に、エスキスの流れを追っていきましょう。あえて学校の課題ではなく実作で流れを追うのは、実際の設計でも同じようにエスキスをしていることを知ってほしいからです。エスキスの手法に王道はなく、試行錯誤の繰り返しです。これは1つの事例であり、やり方は千差万別、あくまであなたが考える。それを忘れずに読み進めてください。

課題はいろいろな出され方をしますが、そこに出題者の意図が潜みます。その意図を読み取って理解することからはじまるのです。与件は、いったんすべて頭に入れる必要があり、基本的に、守ることが原則ですが、提出物以外の与件は、よりよい提案のための変更として説明ができるのなら改変が許されるかもしれません。現実の建築においても、当初の建て主の与件が建築家の提案によって修正されることはままあることです。

 本章の右ページで紹介する実作の条件を、課題風に紹介します。

「ひとり暮らしの小住宅」

- 初老の女性ひとり暮らしの住宅を設計する。必要な諸室、延床面積は各自設定のこと。ただし、以下を考慮する。

- 将来息子夫婦（子どもはいない）が増築して同居することを想定する（図面化は不要）。

- 建て主は絵を描くのが趣味。友人と3〜4人で一緒に絵を描けるアトリエが必要。

- 来客用に畳敷きの部屋が必要。

- 床面積などは各自で設定のこと。

- 敷地は右図の通り。背面の崖と建築との間は、崖の保守のため1mの離隔が必要。

- 提出物＝各階平面図、断面図1面以上、立面図2面以上、模型（各縮尺1：50）

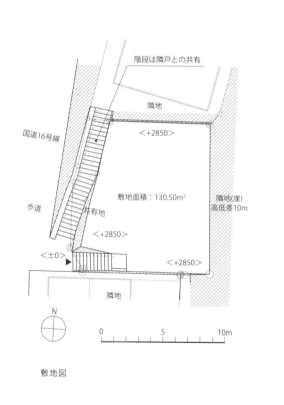

敷地図

まず最初にやるのは、敷地を見にいくことです。敷地の置かれている環境は当然のことながら、敷地から遠いものや、音や風など写真に写らないものまで調べてメモをします。何か「発想の源」が発見できるかもしれません。貪欲にコンテクストを読み取ることです。

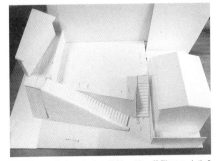

敷地模型は考えるための材料。早い段階でつくろう

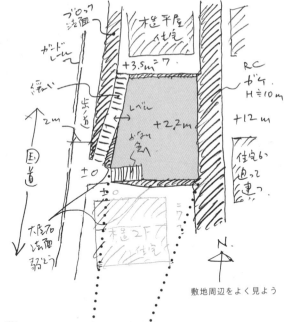

敷地周辺をよく見よう

写真を撮るだけでは頭に入らないものです。広域（徒歩圏）の地図を用意し、気づいたことは何でも描き込みましょう。たとえば、

・方位や日当たり

・周辺建物やランドスケープ

・接する道路の性格

・交通量と流れ（人も車も）

・昼も夜も見にいく

などが大切です。

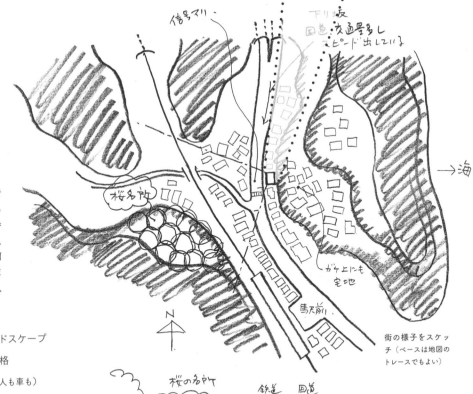

街の様子をスケッチ（ベースは地図のトレースでもよい）

断面スケッチをとることは平面と同様に重要。断面は紙の地図や地図アプリなど平面情報だけではわかりづらいので、必ず現地を確認する

3-2 プログラム構築とダイアグラムの整理

敷地調査の次に行うのは、一般的にはプログラムの構築と、ダイアグラムによる機能や空間の関係性の整理です。条件を整理し、自分の提案を盛り込み、さらに具体的なダイアグラムを考えてみます。これによって次の設計のステップに進みやすくなります。

プログラムを考える

実際の設計もそうですが、学校の課題であっても与件（与えられる条件）をただ満たせばよいというものではありません。条件に示されていない部分を考えることや、示されていることがらを自分の考えでふくらませることも大切なのです。そのためには、暮らす人と、その暮らしぶりをイメージすることや、課題に対して自分が何を提案したいのかを考えなければなりません。たとえば、この課題では下のようにイメージしたとしましょう。

・初老の女性ひとり暮らし ⟹ 静かな暮らし、衣類が多いだろうから収納はたくさん。将来のことも考えてバリアフリーは意識したい。

・将来の増築対応 ⟹ 住みながら増築するから、その際の改築が既存部分におよばないようにあらかじめ考えておいたほうがよいだろう。

・3〜4人で絵を描く ⟹ 来客が多い。絵を飾るギャラリーもあるとよさそう。

・来客用の畳の部屋 ⟹ 2、3人は布団を敷いて泊まれるようにしたい。とすると押入も必要だ。 　など

ダイアグラムで整理する

住宅の各機能にはつながりの強いものと弱いものがあります。強弱は人の動線を想像してみればわかるでしょう。たとえば「浴室」は「玄関」とはつながりが弱いですが「洗面室」とは強いなどです。また、住宅には社会に開いた性格のパブリックなスペースと、閉じたプライベートなスペースがあり、一般的にはこれらが分離されているのが好ましいといえます。これらをもとに、最初にダイアグラムを描いてみると、次のエスキスのときに役立ちます。

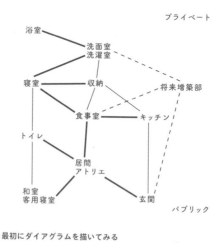

最初にダイアグラムを描いてみる

———	強い関係性
———	弱い関係性
- - - -	将来の関係性

実作のエスキス例② 「ダイアグラム」

以下に示す３つの図は、ダイアグラムを敷地にあてはめていく過程です。最初は外部とのつながりの程度を意識し、徐々に敷地や周囲との関係のあり方なども意識することで、単なる図式が具体化していきます。この段階では、１つの案に絞らずにさまざまな可能性を考えるとよいでしょう。

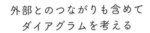

外部とのつながりも含めてダイアグラムを考える

敷地の中に、ある程度の大きさをもったものとしてあてはめる

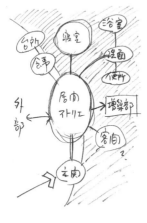

昼間の食事室・キッチンの採光を重視し、居間を玄関近くのパブリックエリアに置いたダイアグラム

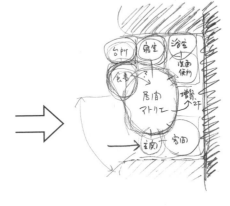

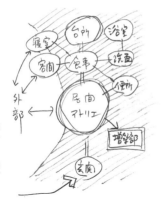

客間を居住部分ととらえてプライベートエリアの採光面に置いたダイアグラム

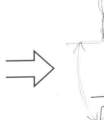

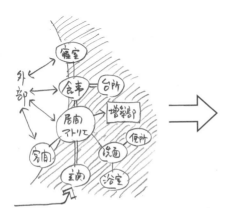

客間をパブリックエリアの採光面に置いたダイアグラム

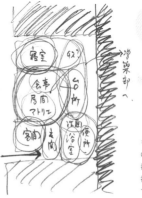

＊上記の「SK」はスケッチの略、数字は３つの案を示す番号です。次ページ以降この番号を用いて説明していきます。SK１〜３で「客間」の位置だけがすべて異なっており、難しい要素であることがわかります（3-6参照）。

3-3 ダイアグラムにスケールを与える

スケール（必要な要素のボリューム感）がイメージできていないまま進めると、途中で振り出しに戻されることがあります。この課題のように与件に面積の指定がない場合は、ボリュームを自ら設定し、建築と敷地のボリューム関係を最初につかむ必要があるのですが、このとき3-2で述べたダイアグラムと、Chapter2のスケールや寸法の知識が役立ちます。

必要な各要素がどのくらいのボリュームなのかをイメージできるように、スケッチで当たりをつけましょう。これをやらずに、スケール感がないままスタートすると、この先のエスキスが無駄になることがよくあるので、スケールを具体化していくことはとても重要なのです。

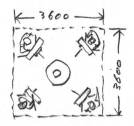

 3、4人で絵を描くにはこのくらいのスペースが要るな。専用のアトリエではなく、ふだん使いの部屋を利用したいな。

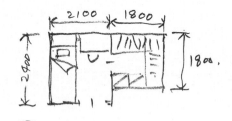

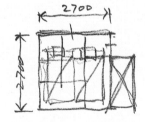

 畳敷きの部屋は客用寝室でもあるので閉じられるようにして、最低でも4畳半は必要だな。布団を置くので押入もあったほうがいいな。

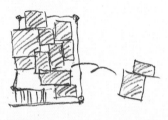

 広い敷地ではないな……これから高齢者になる人だから平屋にしたいが、増築を含めて平屋にするのは難しいな。

寝室とクロゼットは近くに置いて、最低限このくらい必要そうだ。

 ギャラリーは住宅の背骨のような廊下を使おう。

 そのほかにもいろいろある。こんなもんかな……。

各要素の必要面積の当たりがついたところで、それを統合した全体のボリュームと、敷地の大きさを重ねて、建築のサイズをイメージします。たとえば、平屋の場合、2階建ての場合、それぞれの敷地に対する「余裕」がどのくらいなのかがわかります。

実作のエスキス例③「ダイアグラムの実体化」

与条件と自分なりに構成した 3-2 のダイアグラムをもとに、各要素を配置してみます。まずは建築と周囲の関係のあり方を意識する必要があります。敷地調査から、アプローチの方向、建築として顔を向けたい、あるいは背を向けたい方向がイメージされたりするわけですが、住宅の機能の中では「外に開きたい要素」と「閉じたい要素」があるので、それを頭に置きながらスケッチをはじめるとよいでしょう。3-2 のダイアグラムを参照しながら、やわらかい筆記具で自由に何枚も描くうちにイメージが形になっていきます。たくさん手を動かしましょう。

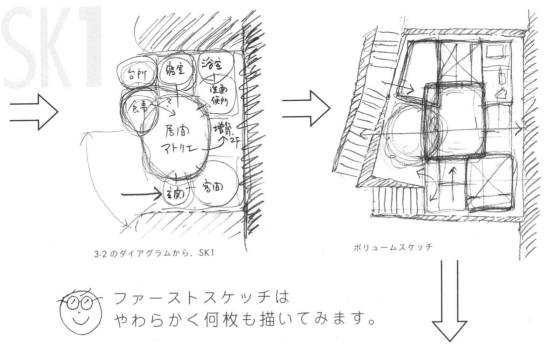

3-2 のダイアグラムから、SK1

ボリュームスケッチ

ファーストスケッチは
やわらかく何枚も描いてみます。

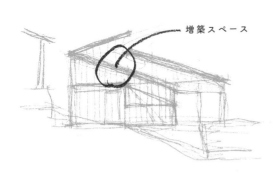

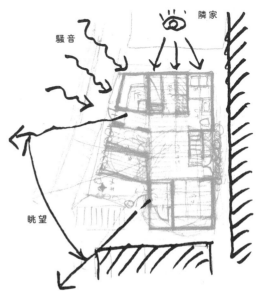

視界が開けていて桜の名所も
見える南西方向に開いた家がいいだろう。
息子たちの将来増築部分は、
スペースだけを 2 階に確保しておこう。
そうするとこんな感じかな……。

3-4 コンセプトを意識して恐れず手を動かす

コンセプトは、エスキスのどの段階でも絶えず意識します。決まった段階に考えるわけではありません。ごく初期、たとえば敷地を見たときに周囲の環境から決まることもありますし、日ごろ、その用途の建築に問題意識がある場合には、課題を見た瞬間決まることもあります。また、コンセプトに自分を引っ張る力があるかは非常に大切なことです。ときには強いコンセプトを設定して、ぐいぐい進めることがあってよいと思います。

もしも最初にひらめかなかったとしても、思考を止めずにどんどん描きながらコンセプトを掘り起こすことです。コンセプトは、いわば「テーマ」のようなものです。呪文のようにつぶやきながらスケッチしてみるのもよいでしょう。下図は、前ページのファーストスケッチを重ねる段階で「階段室ギャラリー」を思いつき、SK2 のスケッチからそれを進めている例です。

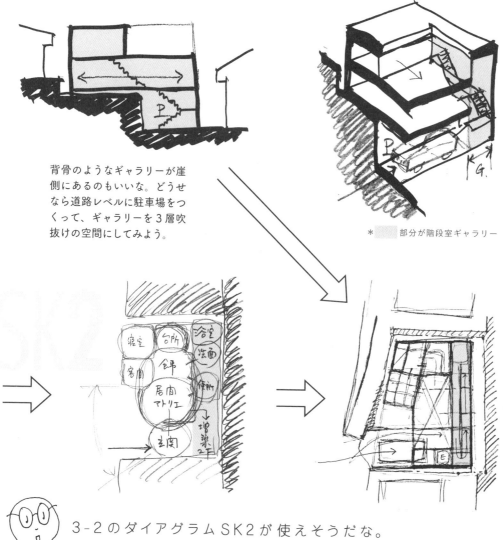

背骨のようなギャラリーが崖側にあるのもいいな。どうせなら道路レベルに駐車場をつくって、ギャラリーを3層吹抜けの空間にしてみよう。

＊ ▨ 部分が階段室ギャラリー

3-2のダイアグラムSK2が使えそうだな。

スケッチに関しては、最初からCADで行うことや、手描きであっても定規を使って描きはじめることは、調整しながら描けず自由な発想がしにくいので、おすすめしません。あくまでフリーハンドで、脳の延長が手であるかのように手で考えてください。たとえもやもやしたスケッチでも、何度も描いているうちに形になるものです。また、右図のように鉛筆の上にフリーハンドでインクを落とすことではっきり見えてくることもあります。それから、模型も初期の段階から積極的に使いましょう。一気に下のような模型をつくってもよいですが、多様なエスキスをするには、ラフな模型で考えることをおすすめします。

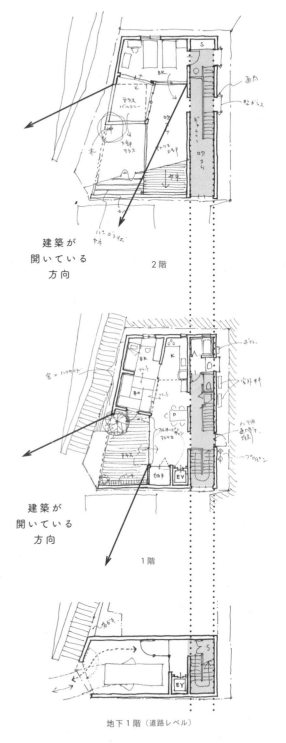

建築が
開いている
方向

2階

1階

地下1階（道路レベル）

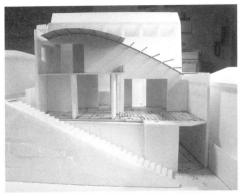

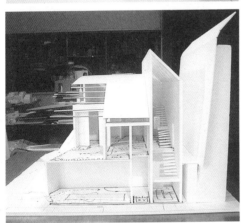

模型もつくった。まるで美術館？

 よいと思ったら、突っ走ることも、ときには大切

3-5 ときには壊すことも恐れずに

基本的に、エスキスは積み重ねていく作業ですが、のめり込まずにときどき視点を引いて眺めてみることも大切です。学校の課題の場合は、先生とのエスキスや、友人同士で評価し合うことも同様のことです。そこでさまざまなことに気づかされます。

視点を引いて見たときに、そのままコンセプトを成長させることができればそれがいちばんよいでしょう。しかし、問題点が見つかったとき、いつまでもその考えに固執していると、前に進めなくなることもある、ということを覚えておいてください。つまり、ときには、すべてを破棄して「出直し」をすることも必要になるということです。コンセプトから考え直すことを恐れずに。考え直すときには、何が重要なのか、重要なことがいろいろあれば、その優先順序（プライオリティ）を考えてみることです。

引いて（客観的に）眺めると、いろいろ疑問がわいてきます。他人に見てもらってもそれはおこります。先生とのエスキスも同様です。そこで停滞しないで考えることが大切です。

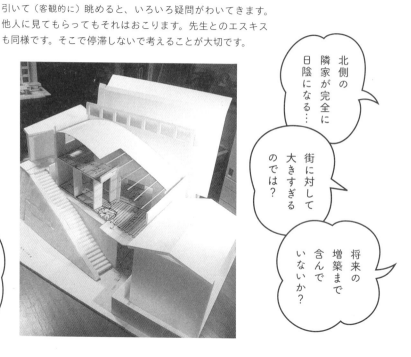

西からの採光主体でよいのか？

高齢者の生活イメージと違う

絵を描くスペースが小さすぎる

北側の隣家が完全に日陰になる…

街に対して大きすぎるのでは？

将来の増築まで含んでいないか？

そもそも巨大なギャラリーは何がいいのだ。何を提案したいのだ？

この住宅の実作例では、いちどつくった階段室ギャラリーのコンセプトを捨て去って、「友人と一緒に絵を描くためのスペース」を中心にし、「初老の女性にとって最小限かつすごしやすい住宅」を新しいコンセプトにしました。地味なテーマのように思えるかもしれませんが、高齢者のひとり暮らしを真剣に考えることは現代では重要なことです。コンセプトとは、新しい建築空間とか新しい構造システムだけではないのです。

実作のエスキス例⑤「プライオリティ」の見直し

プライオリティを見直すには、いったん単純な構成要素に分解してみることです。すると大切なものが見えてきます。

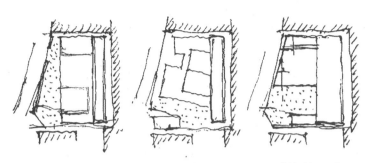

単純な構成要素に分解する

ここでは何がいちばん大事なのだろうか？ ギャラリー階段のコンセプトは捨てよう。そう、初老の女性のひとり暮らし、ここはつつましく最小限でありながら気持ちよく、生活を楽しめる家にしてみよう。

敷地の側から、どんな配置の可能性があるのかプリミティブなスケッチに戻って考えてみる

シンプルな左の配置で先に進める。

単純な形に戻し、コンセプトを再構築する。さらに純化する

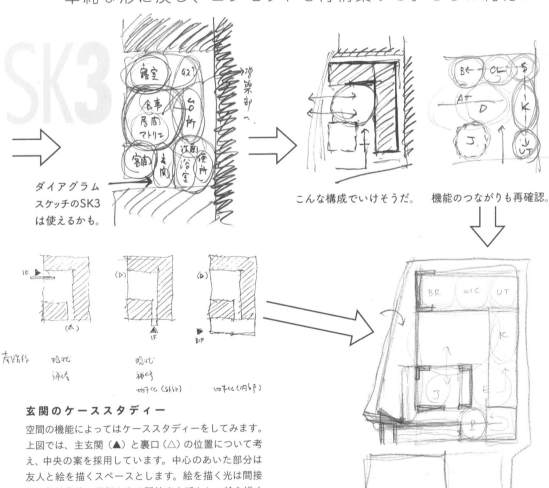

ダイアグラムスケッチのSK3は使えるかも。

こんな構成でいけそうだ。

機能のつながりも再確認。

プランを描きはじめる

玄関のケーススタディー

空間の機能によってはケーススタディーをしてみます。上図では、主玄関（▲）と裏口（△）の位置について考え、中央の案を採用しています。中心のあいた部分は友人と絵を描くスペースとします。絵を描く光は間接光。敷地背後の崖側からの間接光を活かし、絵を描くスペースを中心にしたコンパクトな住宅としています。

3-6 平面と断面は同時に

設計は、不動産広告のような「間取り」を考えることではありません。単に部屋をつなげる発想でスケッチをしてはいませんか？ そうではなく「主と従」「表と裏」などの各要素の性格を考えながら、高さ方向（つまり断面）も同時にスケッチを進めましょう。あるときには、それらを整理し、より大きな空間として統合することも有効になります。そういうことを意識しながら、前ページ最後のラフプランを立体化していきます。

前ページのブロックプランから派生し、
平面と立体を同時に考えて空間構成をスケッチ

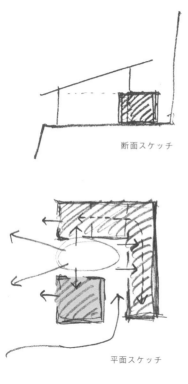

断面スケッチ

平面スケッチ

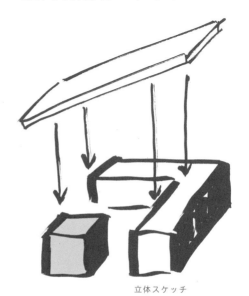

立体スケッチ

RCの箱に囲われた中央の空間を
木造の軽い屋根で覆うイメージ。

この住宅では、上のスケッチでRCの独立した箱になっている「客間」（□で表示）の位置が悩ましい要素でした。3-2のダイアグラムスケッチでも、SK1とSK2で位置が定まっていなかった客間は、性格が決まりにくい要素だったわけです。これをSK3では独立して島のように置いたことで整理されたともいえます。また、このあたりからは細部も同時に考えていきます。

細部を考えることは、必ずしも全体ができあがってからとは限りません。細部から全体へ、全体から細部へ、この段階の縮尺でいえば1：100と1：20の間を行ったり来たりする感覚が大切で、そうすることで設計は、より明快な像を結ぶようになるのです（右ページ）。最終的には、よい建築は原寸図から配置図にまで同じ哲学があるともいわれています。

このあたりから「設計」と呼べる段階に入っていきます。

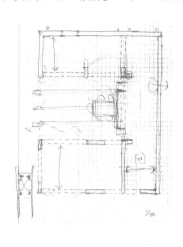

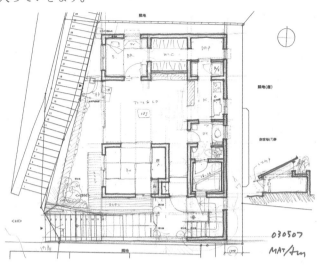

はじめは空間の骨格からラフに描く。大切に
したいことを考え、細かい部分は気にしない

断面も同時にイメージしながらスケッチする。
このあたりから構造も意識しはじめる

徐々に細部を考えます。
ただし、大から小へ一
方向に考えないように
気をつけます。細部を
考えたら全体を見渡し
ます。縮尺を行ったり
来たりする感じです。
そしてコンセプトや思
想は、大きな縮尺から
小さな縮尺まですべて
において筋が通ってい
ることが大切です。ス
ケッチは全体が見渡せ
て、かつ手を動かしや
すいA3サイズくらい
がよいでしょう。

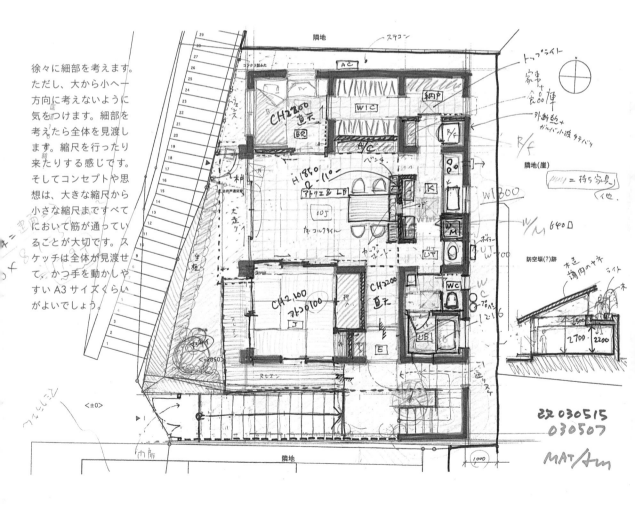

3-1 外構や環境も同時に考える

本章の中ではだいぶ後ろにありますが、ここで説明する外構や環境は、実際は今まで見てきた内部と同時に進めるよう気を配ります。建物の輪郭をつくってその中だけ考えないように。そして、敷地の外も「外構」の連続であることを認識します。敷地の外とは、隣家や道路だけではなく、光や風など外から来るすべてです。

光、風、音、熱などの環境要因の中で、住宅系の課題では採光と通風は最初から考えます。自然光はことさら重要で、四季によって大きく変わる太陽の動き（位置）は知識として覚える必要があります。方位の記入がない図面は、これを考えていないと思われます。

採光を検討するエスキススケッチ

一般に、住宅では採光をよくすることを念頭に置きますが、この住宅の場合は、もっとも重要なアトリエ兼居間の空間が、絵画の制作上、直射光を嫌います。そのため深い庇で直射光の侵入を防ぎつつ、崖からの反射光を片流れのハイサイドサッシから取り込むことを考えています。

また、風を通すということは空気を共有するということでもあります。通風は健康的であるだけでなく、環境的に連続しているということから、空間の質にも影響するのです。

横断通風を断面で考える

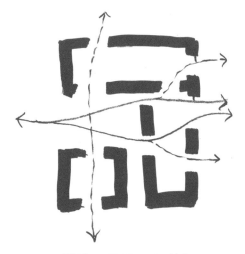

同時に平面でも考える

採光の検討

光の入り方は非常に重要なことであり、それによって建築を考える必要があります。下は、太陽光の入り方を模型と手持ちの照明を使って確認している写真。右の２つの図は、夏至と冬至での室内への太陽光の入射状態（太破線）を、計算によって確認しているものです。

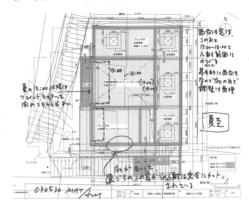

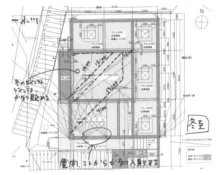

模型を使って太陽直接光の室内への入射をチェック

日影計算を応用し、季節ごとの室内への太陽光の入射状態を確認する。上は夏至、下は冬至の光の方向を平面図に描き込んでいる

外構と植栽の検討

また、外構や植栽も、必ず建築と同時にスケッチします。植栽には、光や風を制御する働きもありますが、この住宅の場合は視線制御の意味合いが大きいといえます。

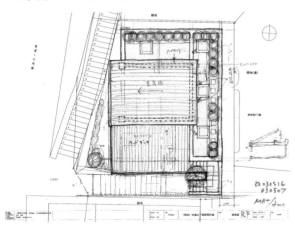

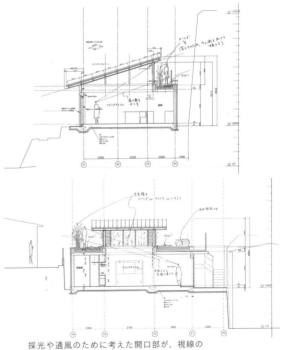

建築のスケッチと並行して植栽計画も行う

採光や通風のために考えた開口部が、視線の上ではどうなのか。植栽と一緒に考える

3-8 人をイメージする

ラフな案がまとまってくれば、そこに「人間」がイメージできます。空間の中に
人間を考えるプロセスが欠落していると、建築にリアリティーが生まれません。

最初に、人間のサイズ、動きをイメージすること。それは身長によって（大人か子どもか）大きく異なります。最終的にはポイントとなる場所ごとでの検討が必要ですが、まずは、エスキススケッチの中に人間を描くことです。そしてその人間に建築がどう見えているか、何を感じているかをイメージします。これによって、各部の断面方向の寸法が決定され、それと同時に平面が修正される場合もあります。

住宅の場合は、道路を行き来する人と、住宅の中の人の視線の関係をエスキスします。この敷地の場合は、居間と屋外共用階段の関係がそれに当たります。外からは室内が見えず室内から景色は見えるように植栽の高さを検討しました。

屋外共用階段と敷地の高低差から視線を検討する

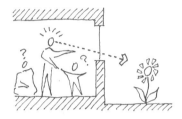

通常の腰窓は視線的に和室に向かない

床に座る人の視線の高さは子どものそれに
似ている。和室の客間には低い窓を設計

次に、人間同士の関係をイメージしましょう。お互いに見えるか見えないか、見えるとすれば、どのような位置関係で見えるか。これもまた空間の性質に影響します。

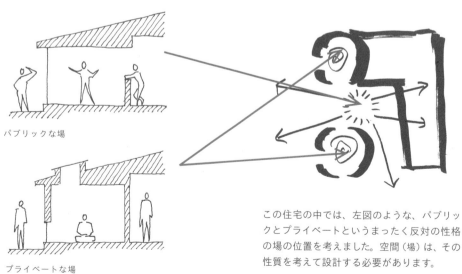

パブリックな場

プライベートな場

この住宅の中では、左図のような、パブリックとプライベートというまったく反対の性格の場の位置を考えました。空間（場）は、その性質を考えて設計する必要があります。

実作のエスキス例⑧「人をイメージする」

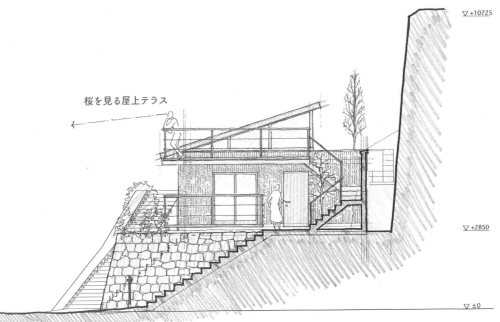

桜を見る屋上テラス

▽ +10725

▽ +2850

▽ ±0

最終段階、素材感なども含めた全体立面検討スケッチ

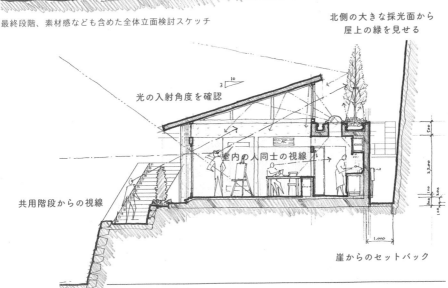

北側の大きな採光面から
屋上の緑を見せる

光の入射角度を確認

室内の人同士の視線

共用階段からの視線

崖からのセットバック

最終段階、周辺の土地も含めた断面の確認スケッチ

図面にも模型にも、「人間」を入れて
考えることは重要です。人間がいて
はじめて建築は建築になるのです。

模型で採光を検討。人を入れてスケール感も確認する

3-9 時間軸もイメージしてみる

建築は時間の流れの中にあるもので、竣工時がよければそれでいいというものではありません。建築は生き物ではありませんが、周辺環境や建物の中に暮らす人の人生や時間とともに、変化に柔軟に対応できることが望まれます。設計をするうえでそのような視野をもち、あらかじめ考えることは大切です。

時間とともに変化する、わかりやすい例は、樹木の成長です。

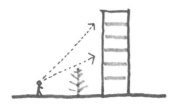

最初は貧弱な木々も……。

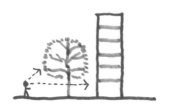

成長することで、建築の見え方も大きく変わる。

そのうちこんなことも？

人の生死だって建築の時間軸の中にあります。

2世代同居の住宅も……。

人の生死で、使われ方が変わるのは常である。

最近では「減築」が行われることも。そのために建築が用意すべきものはなんだろう？

社会の変化や街の変化で、建築自体も変質します。

狭い道路に対して、都市計画的に道路拡幅のための建築制限が課されることは、ままある。

法規制によるものではあるが、これも一種の「変化への対応」といえる。

人口減少の未来には、何が変化するのだろうか？ 取り壊さずに建築を活かすために準備できるつくり方はあるだろうか？

実作のエスキス例⑨「増築の可能性」

ここでは、3-1で示された課題与件にある「増築の想定」について、実作で検討した案を紹介します。木造屋根のみを撤去して、RCの平屋構造体の上に木造で2階を載せるという回答を用意しました。家財道具はそのままでよさそうですし、うまく工事すれば暮らしながら増築ができるでしょう。

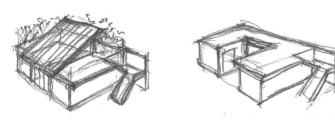 

増築を検討するエスキススケッチ。左が最初の竣工時。暮らしたままで2階に増築できる

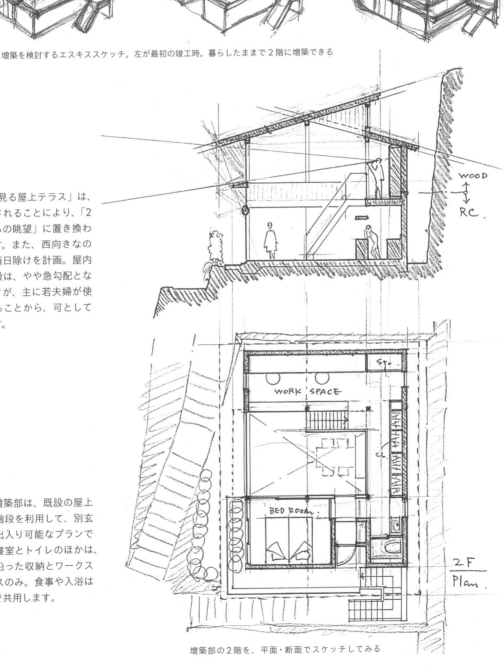

「桜を見る屋上テラス」は、増築されることにより、「2階からの眺望」に置き換わります。また、西向きなので、西日除けを計画。屋内の階段は、やや急勾配となりますが、主に若夫婦が使用することから、可としています。

WOOD ‖ RC.

2階増築部は、既設の屋上への階段を利用して、別玄関で出入り可能なプランです。寝室とトイレのほかは、壁に沿った収納とワークスペースのみ。食事や入浴は1階で共用します。

Sto.

WORK SPACE

CL

BED ROOM

2F Plan

増築部の2階を、平面・断面でスケッチしてみる

column3 プロセスを捨てない

よく、設計課題のエスキスで、前回までのスケッチをもたないで出席する
学生がいます。しかし、そのような姿勢は有効なエスキスにならず、とて
ももったいないことだと思います。仮に捨て去ったものでも、人に自分の
考えの過程を説明するときには必要ですし、すべての過程は、次を考える
ための重要な素材であり、自分の財産なのです。

ここにとてもよい事例があります。本書の
Chapter1の1.3で紹介した建築家・吉村順三の
設計した「御蔵山の家」は、なんとあしかけ4年
の間に17もの案を検討してから実施設計に移っ
ており、その途中経過は下にあるようにすべてま
とめて保存してありました。このことは、たとえ
終わった仕事であっても、その過程はいつか役
に立つときがある。つまり参照することがあると

いうことを意味しています。まして、1つの設計
の過程においては、描いたスケッチやエスキスの
類いを廃棄することは考えられません。設計は、
よくある手法としてはトレーシングペーパーを重
ねて何度も描くことによってブラッシュアップす
るものですが、下敷きになっているスケッチのみ
ならず、完全に廃棄した案でさえヒントになった
り復活することもあるのです。

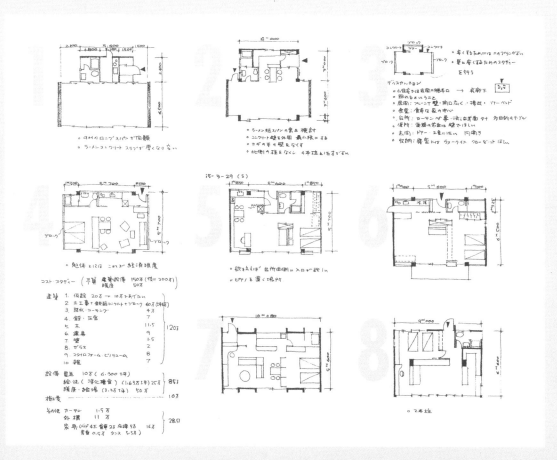

本章で素材として使った住宅は、横須賀の崖の中ほどに今も建っています。ところで、この住宅のためにどのくらいのエスキスをしたのでしょうか。こんな小さな住宅1軒でも、上の写真のようにファイル10冊になりました。大変場所をとりますが捨てません。

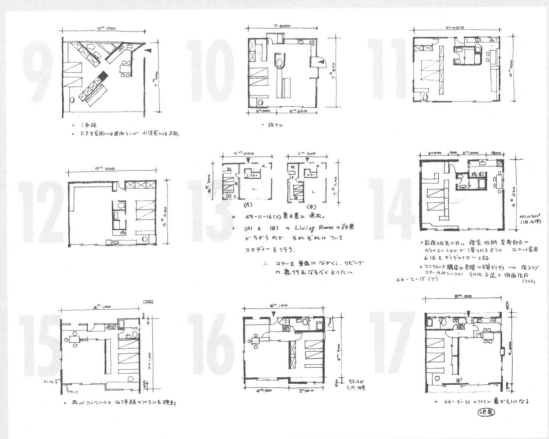

「御蔵山の家」の17もの検討案のまとめ（吉村順三設計事務所）

Chapter 4

集合住宅のエスキス

そろそろ手が動くようになってきましたね。最後の章では、前章でとりあげた住宅が集まった形である、集合住宅のエスキスの事例と進め方を見てみましょう。もちろん建築は住宅と集合住宅だけではありませんが、さまざまな用途の建築も、前章の「単体」と本章の「集合」が基本となっており、これらの応用によってどのような建築もエスキスをすることができると私たちは考えたのです。

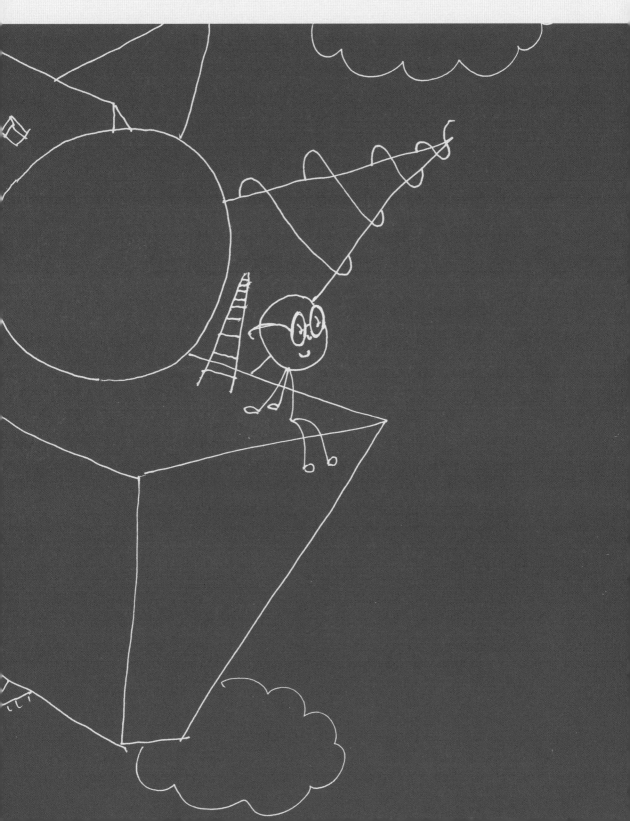

4-1 敷地調査からはじめる

集合住宅や寮など、多くの人が集まって住む場所の設計では、広い敷地を必要とします。敷地と周辺とのかかわり方によって計画は変わってきますが、広い敷地の場合は検討する要素も多く複雑になります。また、調査においては記録がとても大切です。これらの記録にイメージを加えてエスキスをしていきます。

調査では、方位や接する道路の状態、植栽や周辺建物の大きさや高さ、アプローチに適するか、活動的な場か、落ち着いた場か、地域開放にふさわしいかなどを見極める必要があります。特に接道と方位の把握は重要です。道は街につながり、人や車の動線を決定づけます。方位は日照、通風など「気持ちのよい空間の創出」にかかわります。敷地周辺建物や自ら設計する建物がどんな影を落とすかイメージすること

とも大切です。敷地の特徴をとらえるための自分なりのノート＝野帳をつくることをおすすめします。敷地図を下敷きにして、現地で得た敷地周辺から敷地内の情報、よい点、わるい点、思いついたことなどを描き留めましょう。建物の配置を想定して取り組むと、より具体的に進められるので効果的です。本章では事例をあげつつ、また、下の「学生寮の設計課題」を例に集合住宅の設計を考察してみます。

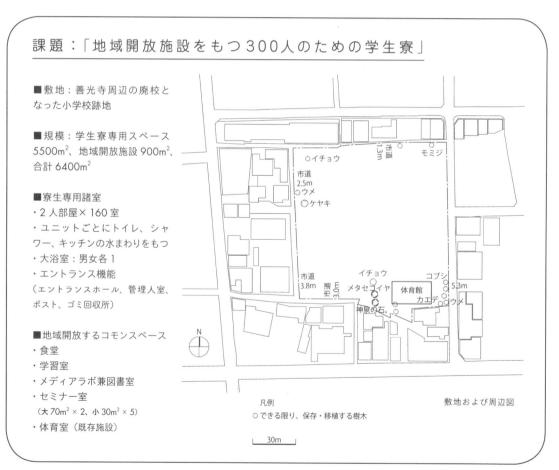

課題：「地域開放施設をもつ300人のための学生寮」

■敷地：善光寺周辺の廃校となった小学校跡地

■規模：学生寮専用スペース5500m²、地域開放施設900m²、合計6400m²

■寮生専用諸室
・2人部屋×160室
・ユニットごとにトイレ、シャワー、キッチンの水まわりをもつ
・大浴室：男女各1
・エントランス機能
（エントランスホール、管理人室、ポスト、ゴミ回収所）

■地域開放するコモンスペース
・食堂
・学習室
・メディアラボ兼図書室
・セミナー室
（大70m²×2、小30m²×5）
・体育室（既存施設）

凡例
○できる限り、保存・移植する樹木

敷地および周辺図

30m

*この Chapter のいくつかの項目ではこの「学生寮の課題のエスキス」を掲載する。実際の事例のエスキスを課題風に書き直して掲載しているが、敷地や条件などは実際に検討した案なので、抜粋ではあるがリアルな「考えるプロセス」を参考としてほしい。

1 野帳に色や矢印を使って記録

方位や周辺建物、既存樹木の状態、歩行者や自転車、利用者用車両、サービス車両などの動線や駐車場、駐輪場、門扉やフェンスなどがどうなっているか観察します。既存のものをどこまで継承し、何を改善するか、取捨選択も必要です。また、流れと溜まりを意識してみましょう。人の流れや風の流れ、溜まりや回遊性があるかなど、矢印や色をつけて敷地の特徴をスケッチに描き留めましょう。

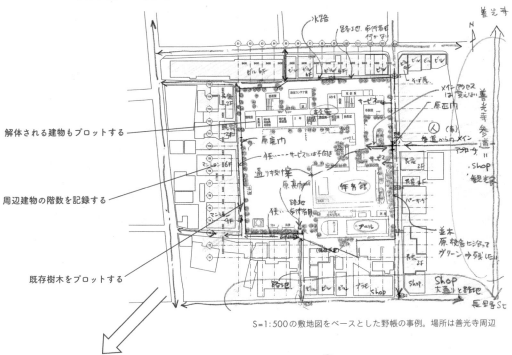

解体される建物もプロットする

周辺建物の階数を記録する

既存樹木をプロットする

S＝1:500の敷地図をベースとした野帳の事例。場所は善光寺周辺

2 ダイアグラム化による考察 ⟶ 3 人の流れを意識して配置をイメージ

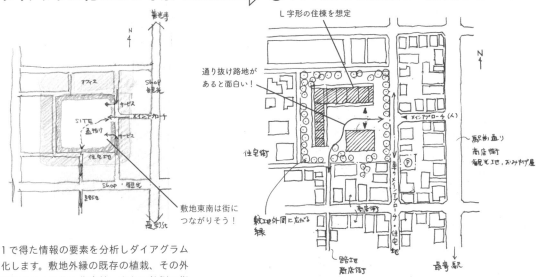

L字形の住棟を想定

通り抜け路地があると面白い！

敷地東南は街につながりそう！

1で得た情報の要素を分析しダイアグラム化します。敷地外縁の既存の植栽、その外周のオフィス街と住宅地、さらに外側の街の大通りや観光地といった具合に敷地周辺までどんな特徴があるか図化します。

2のダイアグラムから建物配置をイメージしてプロットします。このときひらめきをメモしましょう。

4-2 コンセプトを考える

コンセプトはそのプロジェクトで「何がしたいか」「何にこだわるか」、言わば、設計上の戦略をあなたの言葉で表現するものです。達成すべき目的（ヴィジョン）は同じでも、異なる2案があった場合に、「こっちのほうがコンセプトに合っているな」とか「この案のほうがいいからコンセプトを見直してみよう」というように、コンセプトはプロジェクトを遂行する推進力となるものです。

事例を見る
実作によるコンセプトと、それを裏づける仕組みを見てみましょう。

コペンハーゲン学生寮
（設計：ルンゴ＆トランベアグ、2006）
中国の福建省にある「福建土楼」を参考にした円形プランの学生寮です。中庭に面して、さまざまに跳ね出されたコモンスペースが特徴的なファサードを形成しています。中庭は一般市民にも開放されています。

街を望む学生寮

広場から望む学生寮

1. コンセプト

設計者は以下のように述べています。「円筒形の建物というアイデアは、都市のコンテクストと、共同体が中心的な役割を演じる学生寮の内部構成という両面から見て、直感的に適切であるように思われた。（中略）円筒形は形式主義的であると同時に、モニュメンタルな性格をもち、直ちには若者のための住居といった感じを与えない。そこで。われわれは、円という基本主題に基づいて変奏を加え、建物にある程度の可塑性やダイナミックな性格を与えることで、共同体に対して個々の部屋に独自の重要性を付与するようにすることが大事であると感じた。」
（ルンゴ＆トランベアグ、『ディテールジャパン』2008年12月号より引用）

福建土楼。中国福建省南西部の山岳地域にある12～20世紀にかけて建てられた土壁と木の建築物。円形で3～5階、80家族以上が生活する集住の空間

2. コンセプトを裏づける仕組み

下図は平面図と、ダイアグラムに描き出したものです。建築家によって円形状に集まって住むというコンセプトを裏づける仕組みがわかりやすく示されています。

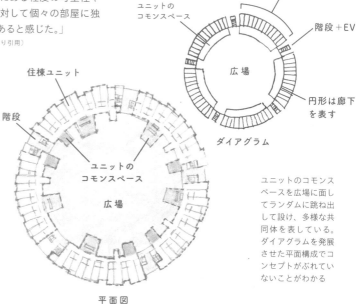

住棟は12戸で1ユニット
ユニットのコモンスペース
階段＋EV
広場
円形は廊下を表す
ダイアグラム

住棟ユニット
階段
ユニットのコモンスペース
広場
平面図

ユニットのコモンスペースを広場に面してランダムに跳ね出して設け、多様な共同体を表している。ダイアグラムを発展させた平面構成でコンセプトがぶれていないことがわかる

コンセプトの仕組みづくり：コモンとプライベートの関係性に切り込む

コモンとプライベートの空間の重なりや、距離感を適度に保つことによって、コミュニティーを形成しやすくなったり、その質が異なったりします。コモンスペースは、たとえば、カフェのように地域開放するもの、共同浴場のように住人専用で共有するもの、ラウンジのようにユニット専用のものまでさまざまあり、だれが使うかによってパブリックゾーンにするかプライベートゾーンにするか、配置を考える必要があります。隣人や地域の人たちとかかわって暮らす仕組みを提案することがコンセプトワークには必要不可欠です。

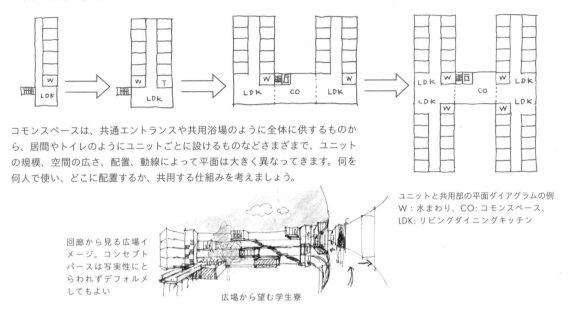

コモンスペースは、共通エントランスや共用浴場のように全体に供するものから、居間やトイレのようにユニットごとに設けるものなどさまざまで、ユニットの規模、空間の広さ、配置、動線によって平面は大きく異なってきます。何を何人で使い、どこに配置するか、共用する仕組みを考えましょう。

ユニットと共用部の平面ダイアグラムの例
W：水まわり、CO：コモンスペース、
LDK：リビングダイニングキッチン

回廊から見る広場イメージ。コンセプトパースは写実性にとらわれずデフォルメしてもよい

広場から望む学生寮

学生寮のエスキス② 「コモンスペースの仕組み」

4-1で見た学生寮です。一般開放する食堂を、街路に面して配置し地域とのつながりを図る一方、住棟ユニットの集いの中心であるラウンジを、落ち着いた環境の敷地外周に沿って配置し、ユニットの中心に据えます。このパブリックとプライベートの2つの空間を回廊でつなぎ、その中心に集いの場となる広場を設けています。総じて、多様な外部空間と内部がつながる豊かな共同生活の場の実現を図っています。

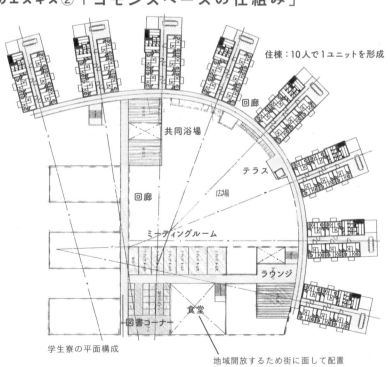

住棟：10人で1ユニットを形成

回廊

共同浴場

テラス

回廊

広場

ミーティングルーム

ラウンジ

図書コーナー

食堂

学生寮の平面構成

地域開放するため街に面して配置

4-3 ボリュームスタディーで住棟をデザインする

ボリュームスタディーは真四角なスタイロ模型をつくってただ並べるだけではありません。学生寮の場合は、1つの住棟に何人で暮らしたらよいか、住棟の規模や形をざっくり決めて、住棟配置が決まるまではボリュームスタディーを繰り返します。棟と棟の間の空間や外部と内部の関係性をデザインすることは、課題の中でももっとも重要なプロセスといえるでしょう。

はじめはタイプの異なる案をいくつもつくり、案が絞れてきたら、今度は似たような案を複数つくって検討しましょう。この過程の中で、やりたいこと＝コンセプトや与件との

矛盾点が見えてくるはずです。それを明確にし、乗り越える工夫をすることで、案が1つにまとまっていくでしょう。以下にボリュームスタディーのポイントを示します。

1 住棟の型を知る

ボリュームスタディーは住棟形式を知ることからはじまります。住棟の形状によって、日照、通風や動線に違いが生じます。

2 動線を意識する

同じロの字形住棟でも、廊下や階段の取り付け方によって、プライバシーや日照など住環境は大きく異なることを理解しましょう。方位の違いを意識し、動線をデザインすることも重要です。

①内側に廊下を配置：経済的で一般的なマンションで採用される。廊下まわりはルーバーによる視線調整、西面は日射遮蔽の工夫が必要

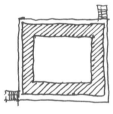

②外側に廊下を配置：動線が長くなる。外側、吹抜け側のどちらにも視線の交錯を避ける断面的工夫が必要

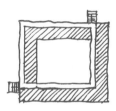

③内側と外側に廊下を配置：①と②のミックス。提案次第でいろいろな可能性がある

3 ボリュームをばらしてみる

ボリュームスタディーが平凡でつまらないと感じたら、ボリュームをばらして、外部や共用部との接点を増やしてみましょう。

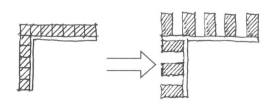

学生寮のエスキス③「ボリュームスタディー」

4-1で見た学生寮のボリュームスタディーの例です。住棟形状と共用廊下の関係が異なる案を3案くらいつくるとその違いが明確になり、自分のやりたいことが見えてきます。案ごとに

Why（なぜそうしたか）とメリット、デメリットを考察しておくと、目先のことに振り回されず、思考がクリアになるはずです（以下の3案はトレーシングペーパーにS=1：500で行ったエスキス）。

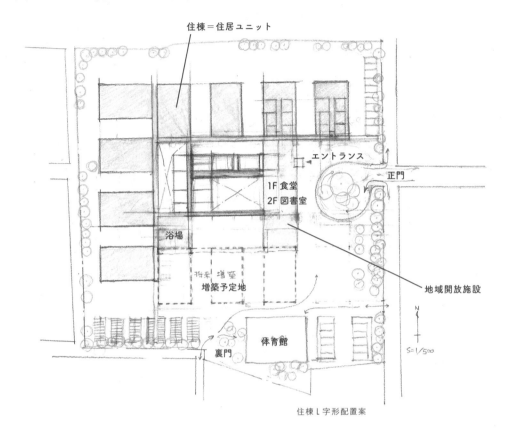

住棟L字形配置案

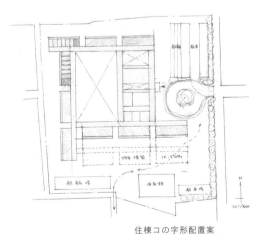

住棟コの字形配置案

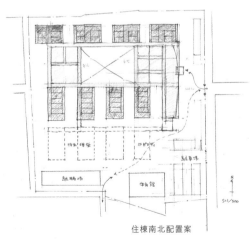

住棟南北配置案

＊掲載の縮尺はノンスケールだが1：500の縮尺でエスキスしている

4-4 階段と廊下を考える

学生寮や集合住宅の設計では、廊下と階段やエレベーターのあり方が建物の骨格だけでなく住人同士のコミュニケーションにも影響するため、特に重要です。たとえばまっすぐな廊下よりも溜まりのあるほうが、それを共用するグループの親密度が増すかもしれません。水平につながる廊下と上下を結ぶ階段やエレベーターなど、動線の研究がデザインを考える糸口になります。

以下は集合住宅における代表的な3つの動線タイプの特徴と課題を示したものです。共用部分の廊下に色をつけ、階段の位置を示しています。これらの知識をふまえたうえで、さまざまな事例を観察し、同じように階段と廊下をトレースしたり着色を加えたりして、自分だけのオリジナル資料集にまとめてみましょう。

動線の分析1 片廊下型

特徴：階段の数を2つに抑え、それらを外部廊下でつなぐもっとも一般的な例です。外部廊下の一部は床面積に算入しないので、床面積の縮減に効果的です。

課題：共用廊下に面した居室の開放性とプライバシーの両立や、単調さをなくす工夫が求められます。

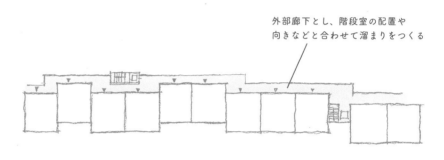

外部廊下とし、階段室の配置や向きなどと合わせて溜まりをつくる

動線の分析2 中廊下型

特徴：共用廊下の両側に住戸を配置する形式で高密度の計画に有効です。

課題：共用廊下が暗く閉鎖的になりやすいので、ところどころに光を取り入れたり、交流空間にするなどの工夫があれば面白くなります。面積増にならないように考慮する必要があります。

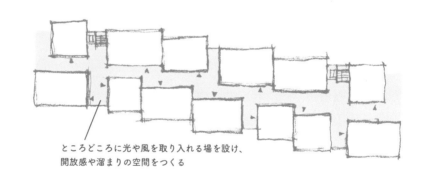

ところどころに光や風を取り入れる場を設け、開放感や溜まりの空間をつくる

動線の分析3 階段室型

特徴：共用廊下をなくし、階段またはエレベーターホールから直接各住戸にアプローチします。中低層であればエレベーターの数を限定できます。

課題：1つの階段＋エレベーターでいくつの住戸を共用できるか、その共用のさせ方に工夫が必要です。

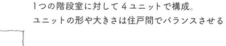

1つの階段室に対して4ユニットで構成。ユニットの形や大きさは住戸間でバランスさせる

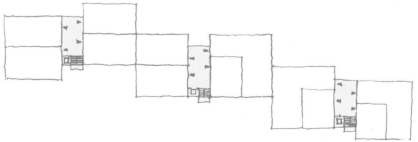

事例に見る廊下と階段のつながり

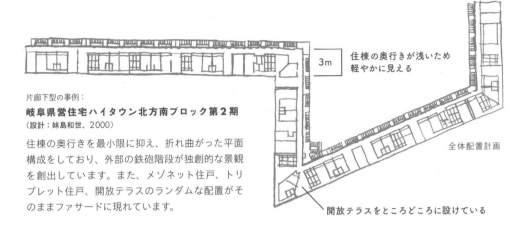

3m

住棟の奥行きが浅いため
軽やかに見える

全体配置計画

開放テラスをところどころに設けている

片廊下型の事例:
岐阜県営住宅ハイタウン北方南ブロック第2期
（設計：妹島和世、2000）

住棟の奥行きを最小限に抑え、折れ曲がった平面構成をしており、外部の鉄砲階段が独創的な景観を創出しています。また、メゾネット住戸、トリプレット住戸、開放テラスのランダムな配置がそのままファサードに現れています。

ユニットの中心に
階段＋EVホール

全体配置計画

階段室型の事例:
メルキッシェス・フィアテルの集合住宅
（設計：O.M.ウンガース、1969）

合計8つの住棟（ユニット）が数珠つなぎ状に連続する構成です（左図）。住棟は、1つのエレベーターホール（階段＋EV2）に3〜5住戸が連なります（右図）。住棟間に通過する動線はありませんが、外から見るとあたかも廊下でつながっているように見えるところが面白く、またこの構成は、規模や敷地に応じて変形させることができ、低層から高層まで広く応用できます。

住戸ユニットの計画。水まわり、寝室、居間が明快に分離され、開放的な居間とほかの2室は構造を負担させて対比的に構成している

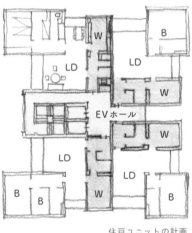

住戸ユニットの計画

中廊下型の事例:
東雲キャナルコートKODAN1街区（設計：山本理顕、2003）
中廊下に面してガラス張りのSOHO（仕事場）をランダムに設けています。
これにより、暗くなりがちな廊下、密室化しやすい住戸を開放的にしています。

4-5 ユニットのつなぎ方を考える

寮や集合住宅では偶然の出会いから、ある敷地のある建物に集まって共に住まう生活がスタートします。そこで豊かな生活を送るために重要となる「コミュニティー」という共同性の概念は、建物や自然など、与えられた環境が下敷きになることが多くありますが、コミュニティーはどのようにして創出できるでしょうか。

コミュニティー醸成の第一歩は「ほかではないここに住んでいる」というアイデンティティーの共有を図ることです。

ハード面では特に「ユニットのつなぎ方」が重要だと考えます。以下に事例をあげて検証してみましょう。

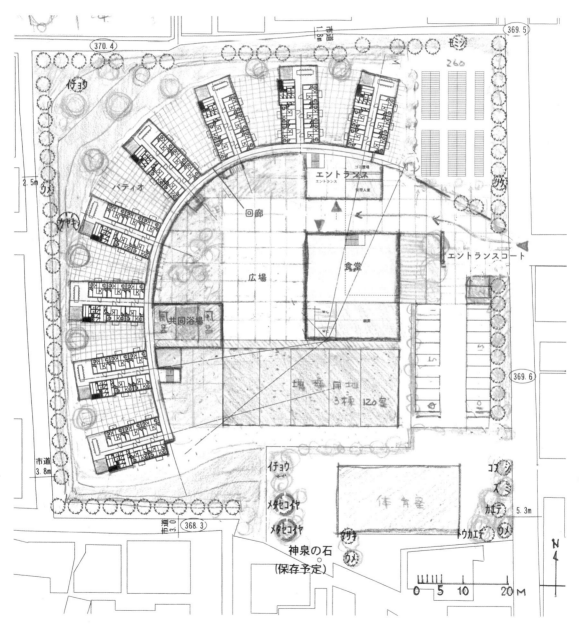

4-1で見た学生寮のエスキス例：庭でつなぐ事例（1：500でエスキス。掲載は1：800）。回廊をカーブさせ、変化に富んだシークエンスを与えるとともに中心軸となる広場を創出し、8つのユニットが1つになる空間を設けた。一方、ユニット間の地上階には広場とは対比的な小庭「パティオ」を設けている

事例に見るユニットのつなぎ方

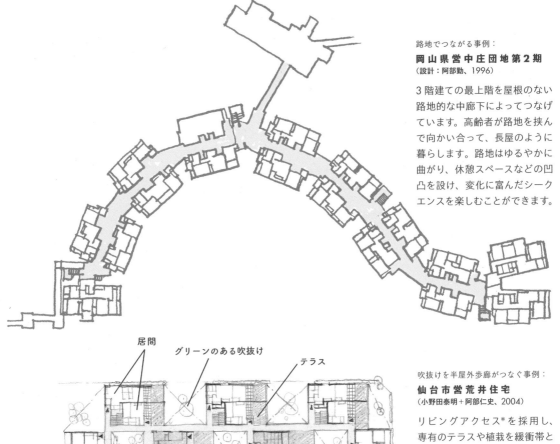

路地でつながる事例：
岡山県営中庄団地第2期
（設計：阿部勤、1996）

3階建ての最上階を屋根のない路地的な中廊下によってつなげています。高齢者が路地を挟んで向かい合って、長屋のように暮らします。路地はゆるやかに曲がり、休憩スペースなどの凹凸を設け、変化に富んだシークエンスを楽しむことができます。

居間
グリーンのある吹抜け
テラス
専用ベランダ

吹抜けを半屋外歩廊がつなぐ事例：
仙台市営荒井住宅
（小野田泰明＋阿部仁史、2004）

リビングアクセス*を採用し、専有のテラスや植栽を緩衝帯として確保するなど、居住者同士の交流とプライベートの確保の両立を図っています。

*リビングアクセス：共用廊下側にリビングを開放的に配置することで、居住者の視線を外に向かわせ、近隣交流を生み出そうとする集合住宅の設計手法

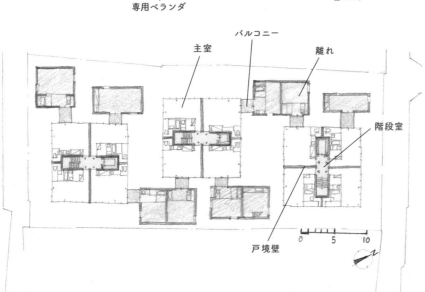

半外部化したバルコニーで
主室と離れをつなぐ事例：
祐天寺の連結住棟
（設計：北山恒、2010）

バルコニー
主室
離れ
階段室
戸境壁

主室棟は構造を負担する階段室、戸境壁と開放的なガラス張りのリビングダイニングからなり、離れへは半外部のバルコニーを通じて連結されます。住戸単位ではなく、室単位にまで分解し、外部を介してつなぐことで、内部空間に完結してしまいがちな都市居住のあり方を拡張しようとする試みが感じられます。

4-6 平面図の中を歩いてみよう

次に住戸内の平面を検討します。寮や集合住宅であっても、基本的に戸建て住宅と同じようにエスキスを進めます。全体コンセプトとの整合を図るとともに、平面計画で大事なことは2つあります。1つは「動線を意識すること」、もう1つは「機能ごとにゾーニングすること」です。

右のエスキスは、ル・コルビュジエ設計の診療所併設の住宅です。家具や設備機器、家具や設備機器、扉の軌跡などを平面図に落とし込んで、動線やそれぞれの関係性を確認しています。平面図に色をつけるとゾーニングが、矢印を加えると動線がわかりやすくなります。この平面ではどんなことが起きるだろうかと、想像力を働かせているのがわかります。

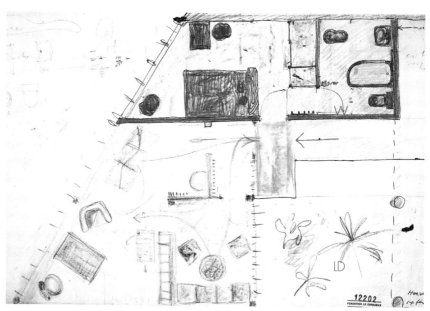

クルチェット邸のエスキス（設計：ル・コルビュジエ、1949）

機能ごとにゾーニングする

ゾーニングは機能を分類し、適切な位置に配置することです。住戸ユニットはE（玄関）を起点に、LD（リビングダイニング）、W（トイレ、浴室などの水まわり）、B（ベッドルーム：寝室、MBは主寝室）の3つのゾーニングに分類すると、エスキスしやすいでしょう。キッチンは、プランによって水まわりにもLDにも属します。また和室や学習コーナーなど与件に応じて付加されるものは、プラスアルファとして、テラスなど外部空間も加えて、関係性をエスキスしましょう。ゾーニングで当たりをつけたら、家具を入れるなど、平面図に発展させて、より詳細に検討しましょう。

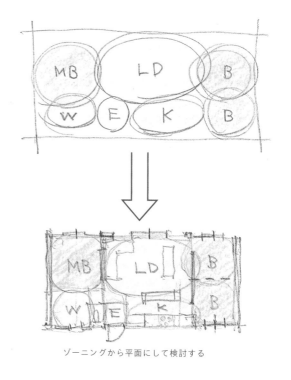

ゾーニングから平面にして検討する

ゾーニングをプランに発展させる

ゾーニングをユニットに発展させます。機能ごとに3つのグループにゾーニングしたら、動線を意識して平面スケッチします。基本型から短冊型プランや雁行型プランなど、複数案へと発展させます。集合住宅の場合は、住戸ユニットが連続しやすい短冊型プランをつくり、そこから与件などに対応できるように発展させます。以下に、多様な価値観、多様な空間を生むプランニングのヒントをまとめます。

・回遊動線は楽しい
・閉じすぎず、ゆるやかにつなげる
・引戸は空間に多様性をもたらす
・個室を寝室と限定しない
・玄関と別の扉で社会とつながる
・仕事場のある家
・家族以外の人と同居する家
・屋根つきテラスはアウトドアリビング
・抜けやアイストップで視線をコントロール

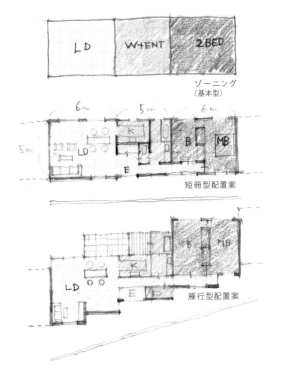

ゾーニング（基本型）

短冊型配置案

雁行型配置案

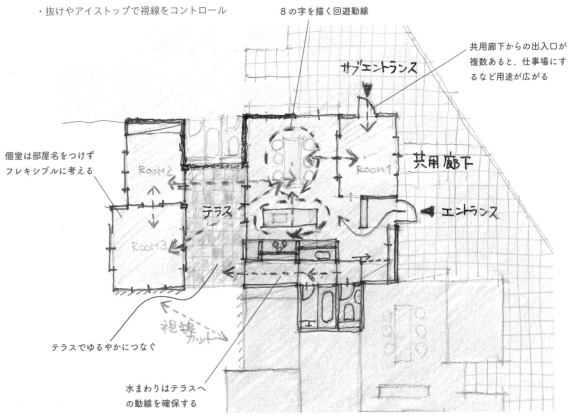

8の字を描く回遊動線

サブエントランス

共用廊下からの出入口が複数あると、仕事場にするなど用途が広がる

共用廊下

エントランス

個室は部屋名をつけずフレキシブルに考える

ROOM2

ROOM1

テラス

ROOM3

視線カット

テラスでゆるやかにつなぐ

水まわりはテラスへの動線を確保する

住戸ユニットのエスキス例。住戸ユニットを繰り返し連続させるプランニング。テラスを中心に外部との連続性を意図した平面構成となっている

4-7 断面を工夫すれば空間は楽しくなる

中高層の集合住宅では、「ユニットの繰り返し」を活かして、多様な断面をもつ楽しい空間をつくることができます。基本ユニットはシンプルでも、積層の仕方を工夫すると独創的な空間が生まれるかもしれません。断面スケッチや模型製作のエスキスを重ねて、豊かな空間を創出しましょう。

積層の基本ピースは3つ

スキップ、メゾネット、トリプレットの積み方のルールを知れば、「積層パズル」も自在に展開できます。

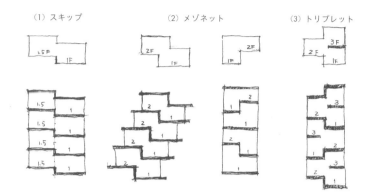

(1) スキップ　(2) メゾネット　(3) トリプレット

イメージと寸法入りスケッチを繰り返す

与えられた条件などから、各住戸ユニットの大きさをもとに断面イメージをスケッチや模型にしてみましょう。イメージを具体化するには階段や家具を描き、寸法を入れましょう。

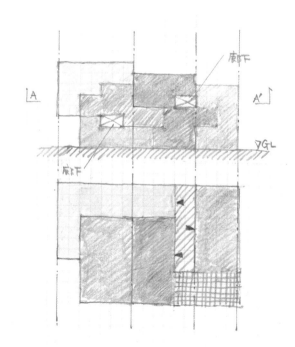

イメージを具体化。
寸法を入れチェック

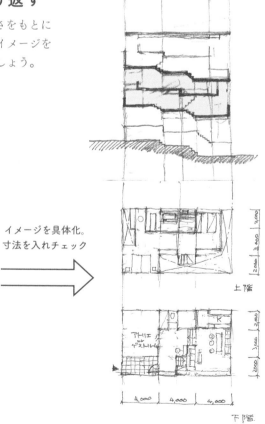

例1) 断面スケッチによるエスキス例。断面と平面の軸をそろえて上下に置くと空間が把握しやすくなる

例2) 寸法を入れた具体的なエスキス例

事例に見る断面の工夫

ここで2つの事例を見てみましょう。豊かな空間の断面はどんな工夫があるでしょうか？ 低層住宅、高層住宅、それぞれの積層の工夫を読み取ってください。

クルチェット邸
（設計：ル・コルビュジエ、1954）

診療所部分と住宅部分を中庭で分離するという平面構成に対して、スロープの動線と天井高さの違いによって、多様な空間を創出しています。公私の異なる要素が交じり合う寮や集合住宅でも参考になるはずです。

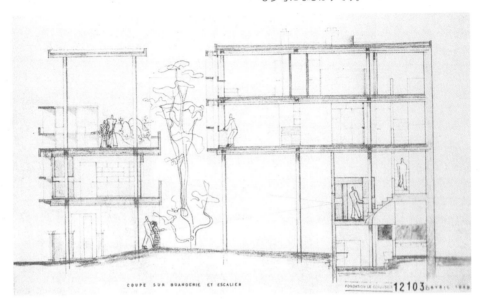

カンチェンジュンガ・アパートメント
（チャールズ・コレア、1983）

1辺21mの正方形平面で1住戸をなす、高さ85mの塔状集合住宅です。段々畑のようにつながる空間は、床と天井の高さを変えるという単純な操作で、戸建て住宅のように、個性的で豊かな空間を創出している好例です。

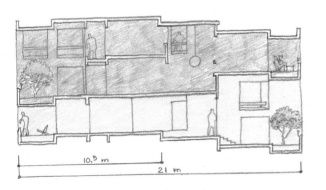

メゾネットの1住戸の断面図

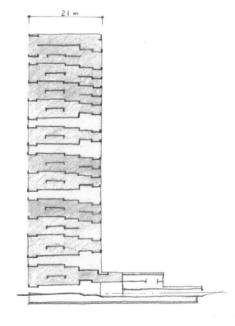

断面図の空間を色分けしたもの。タイプの異なるメゾネットを積層させ変化をつけている

4-8 ファサードを考える

立面図は模型やパースで表現できるので、設計課題では、平面や断面に比べ重視されていないようです。しかし、現実に街を歩けば、脳裏に焼きつくのは建物のファサードです。たとえば、長大な壁面は暴力的な印象を与え、屋根や窓の見え方で建物の印象は大きく変わります。それぞれの街のもつスケール感や密度感と調和し、ときに対峙する建築の「見え方」を意識して、立面のエスキスをしてみましょう。

1. スカイラインを考える

街路に対して圧迫感をなくすように、上層部をセットバックし低いスカイラインをつくります。セットバックすることで上層階にテラスなど半屋外空間をつくることができます。

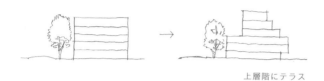

上層階にテラス

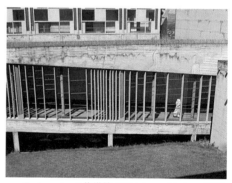

ヒルサイドテラス（設計：槇文彦、1992）

2. 壁面やガラス面の分割を考える

退屈なファサードにならないよう、壁面やガラス面を分割します。

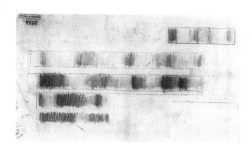

左は設計に参加したクセナキスによる西側ファサードにおける波動リズム・ガラス面のリズム。右はその部分の写真。クセナキスは秩序だった増加の法則を基本のリズムとし、意図的に偶然、断絶、シンメトリーをつけ加えている

ラ・トゥーレット修道院（設計：ル・コルビュジエ、1959）

3. 建物のボリュームを考える

長大な壁面を避けるように、凹凸をつけたり、パス（視線や人の抜け）をつくります。

VOID　VOID　VOID

街路

街路に直接窓を設けず、隣り合う棟の窓をずらすなど、視線の交差がないよう工夫している（上は筆者による平面ダイアグラム）

ネクサスワールド スティーブン・ホール棟
（設計：スティーブン・ホール、1991）

学生寮のエスキス④「ファサードの検討」

4-1で見た学生寮の立面のエスキスです。
それぞれ検討している項目を見てみましょう。

1. スカイラインを考える

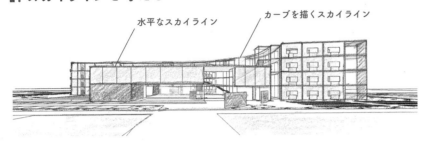

水平なスカイライン　　カーブを描くスカイライン

街路に面するレストラン棟は低く水平線を強調し、広場に続く住居ユニットは円弧を描く対比的構成にしています。

2. 壁面やガラス面の分割を考える

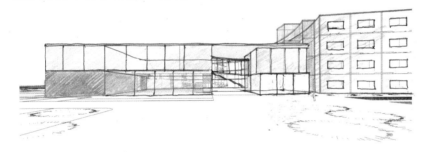

壁量とサッシのバランスを検討したり、サッシ割付けを1、2階でずらすなど単調にならないようファサードを検討しています。

3. 建物のボリュームを考える

パス（視線や人の抜け）をつくる

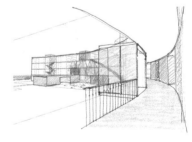

外廊下からのパース。はね出し部の検討スケッチ

例1）街路に対して圧迫感をなくし、視線が奥の広場に通じるように抜けをつくります。

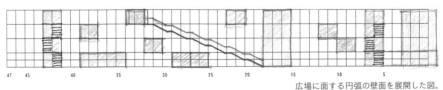

広場に面する円弧の壁面を展開した図。
着色部が跳ね出す部分

例2）広場に対して階段やエレベーター、コモンスペースを跳ね出しリズム感を出します。

4-9 ランドスケープから考える

寮や集合住宅は戸建て住宅よりも高密であるため、癒やしの場となる緑や水景、地形を活かしたレベル設定などランドスケープデザインが重要になってきます。オープンスペースのあり方や街とのつながりは、外構から考えると新しい発見があるかもしれません。外部空間を総合的にとらえる視点をエスキスに取り入れてみましょう。

ランドスケープデザインで特に重要なのは、①敷地の自然環境や地形、②オープンスペース、③動線の3つをどうとらえるかです。これらに絞って要点を考えてみましょう。

1 地形をとらえる

敷地の自然環境や地形をとらえるには現地を観察したり、地図などで周辺にある建物や道路をよく見たりします。そのうえで建物配置を考えていきます。また、外構はスケール感が重要なので、敷地環境に近い事例、自分のイメージに近い事例があったら、よく研究してみることも役立ちます。ランドスケープデザインの好例を見てみましょう。シーランチコンドミニアム（右図、1-5節参照）の建つ海岸線は、絶え間なく吹きつける冷たい北西風から身を守るように建物で中庭を囲っています。その中庭はレベル差を吸収し、気持ちのよい陽だまりのテラスを設け、スケール感や駐車場からのアプローチが絶妙にデザインされています。

地形をとらえる。気になる事例の平面図をトレースしてみると、住棟と環境の関係が理解できる

2 オープンスペースを考える

たとえば、棟と棟の間にパティオ（小さな庭）を設け、敷地全体では集いの場、地域開放できるような広場を設けるなど、大きさや使われ方の異なる多様なオープンスペースを創出するにはどんな住棟配置がよいかなど、ランドスケープの視点からエスキスしてみましょう。

オープンスペースを考える

3 動線をデザインする

集合住宅は共用エントランスの有無によって各住棟へのアプローチが異なります。右の事例は各住棟に入口を備えるタイプで、いわば中庭が共用のエントランスであり、広場の役割も果たすものです。人の流れを矢印で示すと、そのラインが行き止まらずに自然に流れているか、動線に絡まずに落ち着いた場があるかなど、場の使われ方が明確になります。

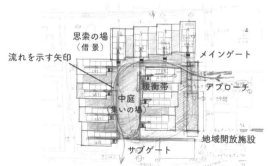

動線の検討。1:500程度のCAD図にスケッチを加える

学生寮のエスキス⑤ 「ランドスケープのエスキス」

場と動線によって、各所に特徴的な場が重層する、多様な外部空間の創出を意図したエスキスです。以下の①〜③は、左ページで見たエスキスの流れに対応しています。

①**地形**：住宅街に囲われた平坦な敷地に対して、起伏をもつ緑でゆるやかに囲みます。

②**オープンスペース**：住棟間にはパティオを設け、敷地南には増築用地としてステージにも使えるテラスを設けています。

③**動線**：繁華街からのアプローチはエントランスコートにつながり、寮と食堂の入口の間を通って、さらにその先の広場へと通じます。広場を囲む回廊が各ユニット（住棟）をつなぎます。

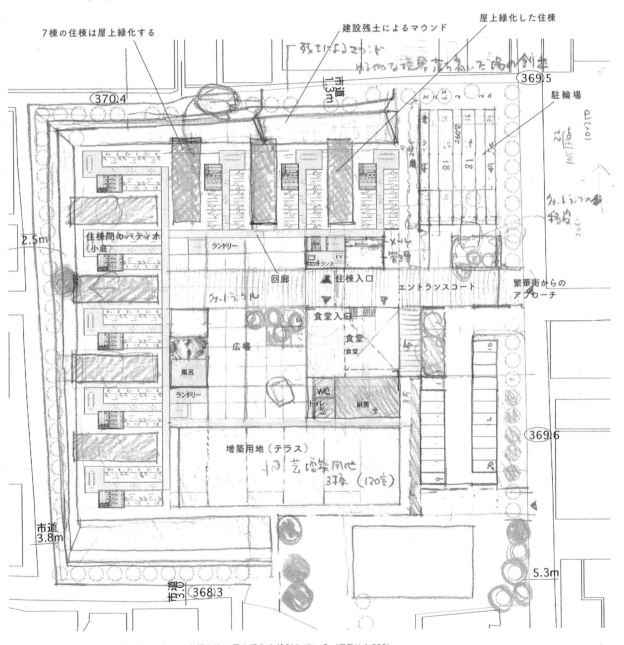

1:500 の CAD 図の上にスケッチを描き込み屋上緑化を検討している（掲載は 1:800）
（作図：堀啓二）

4-10 コモンスペースを考える

寮や集合住宅では、戸建て住宅にはないコモンスペースを付加できます。ラウンジ、集会室、ライブラリー、学習室、食堂、保育室、ジム、プール、共同浴場など、いずれも生活スタイルの選択肢を広げ、集まって住むことに価値を見出せるものです。こうした機能を取り入れることで集合住宅全体のあり方が変わる可能性が生まれ、それが設計課題を解くヒントになり、唯一無二の提案につながることでしょう。

エスキスは、はじめに、コモンスペースの機能と共用する範囲を考えます。施設全体に機能するのか、住棟ごとなのか、地域開放するのかなど、だれが使うのかを明確にし、規模や配置が適切か検討していきます。これらを配置図や平面図をベースにスケッチで複数案つくって課題を明確にしましょう。また、事例研究も重要です。色分けやトレースなど手を動かして、事例のよいところを自分のものにしましょう。

オランダのコレクティヴハウジングの事例
（設計：ヒルヴェルスム・セ・メント、1977）

女性の社会進出を支援する、家事と育児のしやすさを考えた集合住宅。片親家族、二親家族、ディンクス、シングル用に、床面積41〜107m²まで合わせて54戸、10クラスターで構成される。コモンルームと呼ばれるダイニングキッチンがクラスターを束ね、そのほかに、洗濯室、倉庫の小屋、クラスターガーデンがある。団地全体の共用としては、集会室、託児所、ミーティング室、図書室、ワークショップ室、ゲストルーム、サウナ棟、コモンガーデンなどがあり、コモンスペースの充実が図られている。住棟から突出するように配置されたコモンルームが外部空間をゆるやかに分節して庭のようにしているところが興味深い。

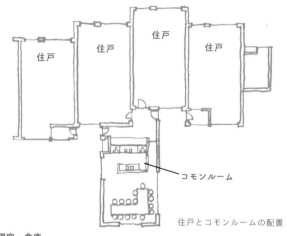

コモンルーム

住戸とコモンルームの配置

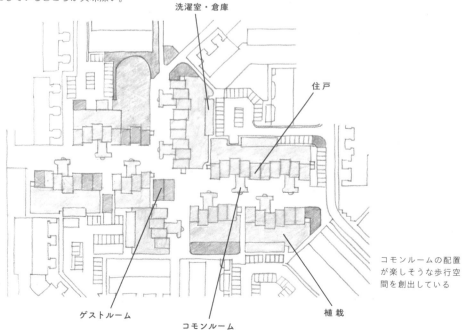

洗濯室・倉庫

住戸

ゲストルーム

コモンルーム

植 栽

コモンルームの配置が楽しそうな歩行空間を創出している

学生寮のエスキス⑥「コモンスペース」

学生寮の課題を通してコモンスペースのエスキスを見てみましょう。設計のポイントとしては、与件にあるコモンスペース、地域開放にも対応する食堂（100㎡）はアクセスしやすい1階とします。残りの学習エリア（図書室、セミナー室など）は2階に配置し、学生専用の共同浴場は住棟近くの1階または2階とします。どのような案が考えられるでしょうか？ それによるメリット、デメリットはどうでしょうか。下は3案を比較検討したものです。

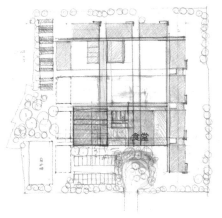

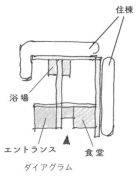

ダイアグラム

A案・ガラス張りのコモンスペースを横長に展開する案

街とつながる表通りに面して食堂と学生寮エントランスをガラスの箱にして奥の広場に視覚的につなぐ案。2階に学習エリアを配置。内部の活動がガラス越しにゆるやかに街と連続し、「街と学生寮をつなぐコモンスペース」というコンセプトでまとめられそうな案。

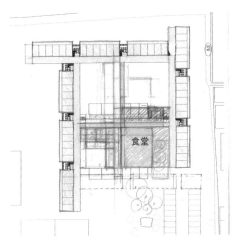

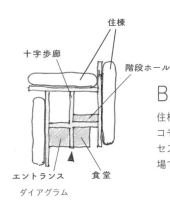

ダイアグラム

B案・2階の十字歩廊が特徴的な案

住棟の廊下をコの字に設け、2階のコモンスペースへ十字の歩廊でアクセスする計画。十字歩廊を諸室と広場でいかに楽しくできるかが課題。

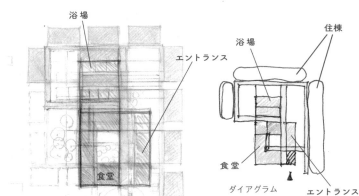

ダイアグラム

C案・コモンスペースをロの字に展開する案

1階に食堂とエントランスを設け、ロの字形の吹抜けを介して2階のコモンスペースに連続する案。学生専用浴場の屋上をテラスとしてコモンスペースに連続させる計画。2つの回廊とコモンスペースをいかに面白くするかが課題。

column4 エスキスもプレゼンテーション

ひとりで設計のためのエスキスをするとき、みなさんの頭の中では、さまざまな思考が渦巻き、ぶつかり合う過程を経て、徐々にそれらが整理されて光明を見出すことがあると思います。では、授業でエスキスとされる時間はどうでしょうか。指導の先生と、あるいは友人とでもよいのですが、他人とエスキスをする場合は、そうした思考のぶつかり合いは、みなさんの頭の外で行われます。このように、他人と自由に意見交換し、アイデアを整理したりふくらませていく行為をブレインストーミングといいます。

1人でエスキス

2人でエスキス

グループでエスキス

ところで、ルイス・カーンが設計した名建築、ソーク生物学研究所には、研究スタッフが働く巨大な実験室から屋外に出たところの、教授の部屋の上下に挟まれるように、オープンエアのテラスが設計されています。中庭と海を望む最高の場所ですが、ここはブレインストーミングのためのスペースと位置づけられています。つまり、指導者と研究スタッフが壁にチョークで考えを描きながら意見をぶつけ合う、いわばエスキスの場所なのです。こうしたスペースは、近年のオフィスの計画などでも重視されつつあります。

ソーク生物学研究所（設計：ルイス・カーン、1965）

ブレインストーミング用の壁がある

大学などでの設計課題のエスキスも、自分の考えを他人に説明し、それに対するリアクションによって設計を先に進めます。いわばブレインストーミングです。ただ漫然と「どうしたらいいでしょう?」では、ブレインストーミングはおこりませんね。ですから、充実したエスキスをするためには、エスキスといえどもプレゼンテーションする心構えと準備が欠かせないのです。準備をすることで、自分自身の考えも整理されていくことでしょう。

 最後に、大学の授業などでエスキスをするにあたってのヒントを3つ書いておきます。

正解は1つ
じゃない

設計は数学の問題と違って1つの正解というものはありません。臆さずに、自分の信じたことにチャレンジしてください。それに、先生によって言うことが違うのもあたりまえ。何か言われても、気にしすぎるのは禁物。自分を信じることです。

何をやりたい
のかを
はっきりと

自分で考えるときも、エスキスを受けるときも、自分が何をやりたいのかをはっきりさせるのが大切です。そのためのおすすめは、最初に作品タイトルを考えるという方法です。試してみてください。

プロセスは
手元に

思考のプロセスは、どうぞ捨てないでください。それらを見せることは、人に説明するときには特に有効ですし、考えを整理するのにも役立ちます。何よりそれは、あなたの財産そのものなのです。

おわりに エスキスってどう？

この本はここでおしまいです。エスキスってどういうものだか、なんとなくわかりましたか？　最初は漠然としていてよくわからないかもしれません。しかし、設計の課題を解くうちにだんだんとわかってくると思います。そしてもしも行き詰まったら、またこの本をパラパラとめくってみてください。どこかに「考える」ための手がかりがあるかもしれません。

そう、エスキスとは「考える」ことなのです。この本では、設計の課題を解くという行為を通じて、その「考える」ことについて書いてみました。しかし少し想像してみてください。実は社会にも、みなさんの人生にも、考える必要のある課題がたくさん横たわっているのです。それらの課題を解くとき、きっと設計課題のエスキスで得た思考や手法は役に立ちます。

もしも、あなたが建築設計よりも魅力を感じる何かを見つけて、建築設計の道に進まなかったとしても、あるいは建築とは無関係な世界に身を置くことになろうとも、何もないところから形をつくり出すエスキスの思考方法は、きっとあなたを力強く前に進める原動力になってくれると信じます。

さあ、エスキスを楽しんでください。

2019年 12月　著者一同

写真撮影者・図版出典

・Ph:Vincent, Bernard
　©Studio Piano & Rogers ©Fondazione Renzo Piano（Via P.P.Rubens 30A, 16158
　Genova, Italy）（p.13 上左）
・Ph : Piano & Rogers
　©Studio Piano & Rogers ©Fondazione Renzo Piano（Via P.P.Rubens 30A, 16158
　Genova, Italy）（p.13 上右）
・http://www.defensiblespace.com/book/illustrations.htm（p.13 下 3 点）
・学生作品：氏家咲己（p.14 下）
・撮影：彰国社写真部（p.15 上、p.16 中、下、p.21）
・撮影：小泉隆（p.15 下左）
・「ディテール」39 号、彰国社、1974（p.15 下右）
・「建築と都市　a＋u」1980 年 2 月号、エー・アンド・ユー（p.16 上右）
・http://digital-collections.ww2.fsu.edu/omeka/files/original/2f659511558358e44
　013165f2f45cc14.jpg（p.16 上左）
・御蔵山の家作図協力：吉村順三記念ギャラリー、美建設計事務所（p.17）
・御蔵山の家家図および外観写真：吉村順三記念ギャラリー提供（p.17、p.82 〜 83）
・撮影：Anthony Browell（p.19 写真）・R.I.B.A.Library,London（p.24 上）
・Philip Henry Delamotte, Smithsonian Libraries, Public Domain（p.24 中）
・撮影：大橋富夫（p.25 上、p.100 下）
・Andreas Pöschek（p.25 下 2 点）
・撮影：下雅意彩奈（p.36 上）
・撮影：池田たかとし（p.36 下）
・撮影：渡邉純矢（p.37 上）
・撮影：中山大輔（p.37 中）
・撮影：木滑綾奈（p.37 下）
・撮影：妹島和世建築設計事務所（p.38、2 枚とも）
・撮影：鳥村鋼一（p.39、2 枚とも）
・作図：水谷俊博、水谷玲子（水谷俊博建築設計事務所）（p.51 スカイハウス上）
・Sergio Ferro, Chérif Kebbal, Philippe Potié, Cyrille Simonne "Le Corbusier:Le
　Couvente de la Tourette" Parenthèses,1988（p.59、なお下 3 図は同書掲載図をもとに
　作成）
・撮影：輿水進（p.83 上左）
・撮影：Rob Deutscher（p.88 上左、上右）
・作図：堀啓二（山本堀アーキテクツ）（p.103）
・撮影：南條洋雄（p.106 下）
・撮影：川合遥香（p.106 上、p.107 上）

参考文献

・Sergio Ferro, Chérif Kebbal, Philippe Petié, Cyrille Simonne "Le Corbusier:Le
　Couvente de la Tourette" Parenthèses,1988
・セルジオ・フェロ、シェリフ・ケバル、フィリップ・ポティエ、シリル・シモネ
　著、中村好文監修、青山マミ訳『ル・コルビュジエ　ラ・トゥーレット修道院』
　TOTO 出版、1997

翻訳、執筆協力：出川菜穂（Chapter 2）

執筆分担

小川（Chapter 1:1-1 〜 1-3、1-6、1-7、Chapter3、column1、3、4、はじめに、おわりに）
地引（Chapter 1:1-4、1-5、Chapter2:2-13 〜 2-15、Chapter4）
ランビアーシ（Chapter 2:2-1 〜 2-12、column2）

ブックデザイン：吉岡秀典（セプテンバーカウボーイ）

小川真樹（おがわまさき）
1960年 東京都生まれ／1985年 東京藝術大学大学院美術研究科建築設計専攻修了／MIDI 綜合設計研究所勤務を経て／現在 小川真樹建築綜合計画代表／東京造形大学サステナブルプロジェクト非常勤講師／JIA 登録建築家／修士（美術）、1級建築士

〈主要作品〉
宝珠院、道往寺、プレミアイン（ホテル）、大島記念音楽堂、スタイリオ池尻大橋（集住）、赤堤の家（集住）

〈主な著作〉
『北欧の巨匠に学ぶ図法　家具・インテリア・建築のデザイン基礎』／彰国社 2012年（共著）／「不思議な設計依頼」（小説）／「住宅建築」建築思潮研究所に連載 2014 ～ 2015年（共著）

〈建築を目指したきっかけ〉
15歳のころ絵を描くのが好きで、幾何と物理以外の成績が最悪だったから。

〈教えたことのある大学〉
東京藝術大学、工学院大学、日本大学、東京造形大学

〈卒業設計のテーマ〉
少年院

〈教えを受けた建築家〉
奥村昭雄、三上祐三

〈好きな建築家〉
ゴットフリート・ベーム、ヨーン・ウッツォン、ルイス・カーン

〈建築家になって面白かったこと〉
建築を使う人の大きな喜びを感じられること。どの建築でもその瞬間にいちばん感動します。

地引重巳（じびきしげみ）
1968年 千葉県生まれ／1994年 東京藝術大学大学院美術研究科建築設計専攻修了／六角鬼丈計画工房、山本堀アーキテクツを経て／現在 ジビキデザイン代表／修士（美術）、1級建築士

〈主要作品〉
パリ美容専門学校、東北大学工学部センタースクエア、ちちぶこども園、豊洲ぐるり公園パークレストラン、君津市立貞元保育園

〈主な著作〉
「建築家吉村順三の作品とその世界」（東京藝術大学建築科100周年記念）編集／新建築 2005年（共著）、「テクノロジーロマン」／「10＋1」に連載 No.47～49 INAX出版 2007年（共著）

〈建築を目指したきっかけ〉
高校1年生のころデザインの仕事に憧れ、その中で歴史に残る建築に魅力を感じたから。

〈教えたことのある大学〉
東京藝術大学、工学院大学

〈卒業設計のテーマ〉
隅田川を望む能楽ホール

〈教えを受けた建築家〉
六角鬼丈

〈好きな建築家〉
ル・コルビュジエ、アルヴァ・アアルト、ルイス・カーン

〈建築家になって面白かったこと〉
ひとりの小さなアイデアが社会的な大きな形になっていくこと。

ジェームス・ランビアーシ
(James Lambiasi)
1968年 ワシントンD.C. 生まれ／1990年 バージニア州立大学建築学部卒業／1995年 ハーバード大学大学院デザイン建築学研究科修了／長谷川逸子・建築計画工房、光井純アンドアソシエーツ建築設計事務所勤務を経て／現在 ランビアーシ建築設計代表／テンプル大学ジャパンキャンパス建築学科ディレクター／芝浦大学工学部建築学科非常勤講師／国立近現代建築資料館主任建築資料調査官／建築設計展覧会論評ジャーナリスト "artscape JAPAN"／NHK「ジャーニー・イン・ジャパン」リポーター／1級建築士（日本）、ニューヨーク州登録建築士（USA）

〈主要作品〉
テンプル大学ジャパンキャンパスロビー、ジ・アイスキューブス（商業）、TELL-東京英語いのちの電話カウンセリングセンター、鎌倉邸（住宅）

〈建築を目指したきっかけ〉
小学校1年生のとき、家の模型をつくることが趣味だったから。

〈教えたことのある大学〉
法政大学、工学院大学、明治大学、東洋大学

〈卒業設計のテーマ〉
オフィスと小学校のハイブリッドビルディング

〈教えを受けた建築家〉
Mohsen Mostafavi, Jorge Silvetti

〈好きな建築家〉
アルヴァ・アアルト、レンゾ・ピアノ、藤森照信

〈建築家になって面白かったこと〉
毎日が新しい。冒険者のように毎日が勉強であり、毎日が挑戦です。

エスキスって何？

2020 年 1 月 10 日　第 1 版 発　行
2024 年 6 月 10 日　第 1 版 第 4 刷

著作権者と
の協定によ
り検印省略

編著者　　小 川 真 樹 ・ 地 引 重 巳
　　　　　ジェームス・ランビアーシ

発行者　　下　　出　　雅　　徳

発行所　　株 式 会 社 　彰　国　社

自然科学書協会会員
工 学 書 協 会 会 員

Printed in Japan

162-0067 東京都新宿区富久町 8-21
電話　03-3359-3231（大代表）
振替口座　00160-2-173401

ⓒ小川真樹・地引重巳・ジェームス・ランビアーシ　2020 年　　印刷：壮光舎印刷　製本：誠幸堂

ISBN 978-4-395-32145-2　C3052　　https://www.shokokusha.co.jp